Stefanie Stadon

JOBBEN UND REISEN DOWN UNDER

WORKING HOLIDAYS IN AUSTRALIEN

Tipps und Infos zu Work & Travel auf dem Fünften Kontinent

360° medien

IMPRESSUM
Jobben und Reisen Down Under – Working Holidays in Australien
Tipps und Infos zu Work & Travel auf dem Fünften Kontinent
Stefanie Stadon

Bibliografische Information der Deutschen Bibliothek
Die Deutsche Bibliothek verzeichnet diese Publikation in der deutschen Nationalbibliografie.
Detaillierte bibliografische Daten sind im Internet über portal.dnb.de abrufbar

Redaktion und Lektorat: Christine Walter

Satz und Layout: Serpil Sevim-Haase

Gedruckt und gebunden:
Himmer GmbH Druckerei & Verlag | Steinerne Furt 95 | 86167 Augsburg
www.himmer.de

Bildnachweis:
Alle Fotos stammen von Stefanie & Corey Stadon, außer S. 92, 93, 106: Nicole Peifer, S. 138-153: Tourism Western Australia (Ausnahmen hier: S. 140 li o: Tash Press, S. 143 li o: Jewels Lynch Photography)

ISBN: 978-3-948097-84-4
Hergestellt in Deutschland

www.360grad-medien.de

Stefanie Stadon

JOBBEN UND REISEN DOWN UNDER

WORKING HOLIDAYS IN AUSTRALIEN

Tipps und Infos zu Work & Travel auf dem Fünften Kontinent

360° medien

Inhaltsverzeichnis

Vorwort **10**

1. Erste Gedanken 12

1.1 Was ist Work & Travel
Abkommen | Geschichte | Aktuelle Zahlen 14
1.2 Warum Work & Travel
Motivation | Typfrage 15
1.3 Wann Work & Travel
Schule | Studium | Sabbatical 16
1.4 Mit wem Work & Travel
Allein unterwegs | Unter Freunden | Als Paar 19
1.5 Mit oder ohne Organisation
Gegenüberstellung | Für wen was 21
1.6 Warum Australien 25
1.7 Erwartungen versus Realität 26

2. Aus Elternsicht 28

2.1 Ein Generationenkonflikt? 30
2.2 Zukunftssorgen 30
2.3 Sicherheit auf Reisen 31
2.4 Zwischen Laissez-faire & Helikopter 32
2.5 Elterliche Verhaltensregeln
Kontakt halten | Loslassen können 33

3. Planen & Organisieren 34

3.1 Working Holiday Visum
Voraussetzungen | Beantragung | Visabestimmungen 36
3.2 Flug
Buchungszeitpunkt & Kosten | Ticketarten | Zwischenstopps | Flugportale 40
3.3 Versicherungen
Auslandskrankenversicherung | Haftpflichtversicherung | Unfallversicherung | Gepäckversicherung | Reiserücktritt- bzw. Reiseabbruchversicherung 43
3.4 Startkapital/Ersparnisse 46

3.5 Dokumente
Reisepass | Kreditkarte | Internationaler Führerschein | Internationaler Studentenausweis | Internationaler Jugendherbergsausweis | Dokumentenliste 48
3.6 Ämtergänge & Papierkram
Job & Agentur für Arbeit | Wohnung | Abmeldung | Krankenkasse | Kindergeld | Bank | Gesundheitscheck | Verträge 50
3.7 Gepäck
Gepäckart | Packliste 55
3.8 Kostenübersicht 59
3.9 Checkliste
Zeitplaner 59

4. Australien – Eine Einführung 62

4.1 Land
Geografie | Klima 64
4.2 Leute
Mentalität | Multikulti | Sprache 68
4.3 Tier- & Pflanzenwelt
Süßes | Gefährliches 70
4.4 Kultur & Kulinarisches
Sport | Essen | Gambling 71
4.5 Aborigines 73
4.6 Einstimmung auf Australien
Filme | Bücher | Playlist 74

5. Ankommen & Einleben 76

5.1 Reise & Ankunft
Abreise | Im Flieger | Ankunft & Quarantäne | Transfer zur Unterkunft 78
5.2 Erste Tage
Unterkunft | Jetlag | Erste Eindrücke | Jobsuche | Ups & Downs 81
5.3 SIM-Karte
Anbieter | Tarife 83

5.4 Steuernummer 84
5.5 Bankkonto
Kontoeröffnung | Kontoeröffnung vor Abreise | Geld ins Ausland überweisen 85
5.6 Sprachkurs
Sprachschulen 87

6. Arbeiten 88

6.1 Jobaussichten 90
6.2 Bezahlte Jobs
Erntearbeit | Farmarbeit | Gastronomie | Gastgewerbe & Tourismus | Promotion & Events | Au-pair | Bau & Minengewerbe | Sonstige Jobs 90
6.3 Unbezahlte Jobs
WWOOFing | Volunteering 99
6.4 Jobs mit Berufserfahrung 101
6.5 Jobsuche
Door-Knocking | Job Agencies | Internet | Schwarze Bretter/Job Boards | Word of Mouth | Zeitungen/Magazine | Backpacker-Büros | Tipps für Erntearbeit..101
6.6 Bewerbung & Interview
Lebenslauf | Anschreiben | Referenzen & Zeugnisse | Interview 106
6.7 Jobkurse
RSA-Zertifikat | RSG/RCG-Zertifikat | White Card | Traffic Controller-Kurs | Weitere Kurse | Gültigkeit & Beantragung 112
6.8 Verdienst & Steuern
Verdienst | Bezahlung mit inkludierter Unterkunft und Verpflegung | Bezahlung | Steuern | Steuersatz | Steuererklärung | Tax Agencies | Superannuation............................113
6.9 Exkurs: Ausbeutung im Job
Schwarze Schafe | Stillschweigen der Backpacker | Möglichkeiten zum Handeln 117

7. Arbeiten & Reisen.. 120

7.1 Die perfekte Reiseroute..122
7.2 Stadt versus Land
Arbeiten in der Stadt | Arbeiten auf dem Land 123

7.3 Ostküste versus „Rest-Australien“
Ostküste | Der Rest Australiens 125
7.4 Bundesstaaten im Detail
New South Wales | Northern Territory | Queensland |
South Australia | Tasmania | Victoria | Western Australia |
Fazit 129

8. Wohnen 154

8.1 Hostel
Hostelauswahl | Zimmer | Küche | Waschräume |
Aufenthaltsräume | Sicherheit | Übernachtungspreise 156
8.2 Wohngemeinschaften
Mietbedingungen 159
8.3 Eigenes Auto
Camping/Zelten 161
8.4 Gastfamilie 162
8.5 Housesitting 162
8.6 Couchsurfing 163
8.7 Privatunterkünfte & Ferienwohnungen 163
8.8 Andere Unterkünfte 163

9. Fortbewegen 164

9.1 Entfernungen 166
9.2 Eigenes Auto
Fahrzeugtyp | Autokauf | Autocheck | Registrierung |
Versicherung 167
9.3 Mietwagen/Camper
Miete & Kosten | Versicherung 170
9.4 Bus
Streckennetz & Routen | Buspässe & Preise 172
9.5 Bahn
Atemberaubende Routen | Ausstattung & Kosten |
Fahrzeiten & Tickets 174
9.6 Inlandsflüge
Preis-Leistungs-Verhältnis 176
9.7 Touranbieter 177
9.8 Fähren 178
9.9 Per Anhalter /Mitfahrgelegenheit...178

9.10 Special Interest
Radfahren | Wandern 179

10. Leben & Erleben 182

10.1 Täglicher Bedarf
Lebensmittel | Shopping 184
10.2 Kommunikation
Internet | Post | Kontakt halten 186
10.3 Freunde finden 188
10.4 Sightseeing
Informationen | Must See & Must Do 189
10.5 Notfälle
Krankheit | Diebstahl/Verlust 190
10.6 Krisen
Heimweh | Kein Job, kein Geld | Backpacker Lifestyle |
Land & Leute 193
10.7 Do's & Dont's 195
10.8 Eine Frage des Respekts 196

11. Geld ausgeben & Sparen 198

11.1 Laufende Kosten
Verpflegung | Unterkunft | Transport 200
11.2 Außerordentliche Kosten 202
11.3 Spartipps
Verpflegung | Unterkunft | Transport | Sightseeing |
Sonstiges 204

12. Der Wunsch zu bleiben 206

12.1 Second Working Holiday Visum
Bewerbung 208
12.2 Third Working Holiday Visum 210
12.3 Touristenvisum
eVisitor – Subclass 651 | Visitor Visa – Subclass 600 210
12.4 Studentenvisum 211
12.5 Arbeitsvisum 211
12.6 Partnervisum 211

13. Zurückkommen 212

13.1 Die letzten Schritte in Australien 214
13.2 Die ersten Schritte in der Heimat
Glückliche Heimkehrer | Betrübte Heimkehrer | Familie & Freunde | Tipps gegen den Heimkehr-Blues | Jobbewerbungen 214

14. Anhang 220

14.1 Erste Gedanken
Organisationen | Infoportale | Australische Anbieter 222
14.2 Planen & Organisieren
Flugportale | Auslandskrankenversicherung | Kreditkartenanbieter 222
14.3 Australien: Eine Einführung
Allgemeine Australien-Infoportale 223
14.4 Ankommen & Einleben
Airport Shuttle | Australische Mobilfunkanbieter | Handytarif – Vergleichsportale | Australische Banken | Internationale Überweisung | Sprachschulen im Ausland 223
14.5 Arbeiten
Work & Travel Jobagenturen | Berufsübergreifende Jobportale | Work & Travel – Jobportale | Jobportale für Ernte- und Farmjobs | Unbezahlte Jobs | Jobkurse – Anbieter | Steuererklärung – Anbieter 224
14.6 Wohnen
Hostels | Wohngemeinschaften | Gastfamilie | Housesitting | Couchsurfing | Private Unterkünfte 225
14.7 Fortbewegen
Autokauf | Mietauto | Mietcamper mit Backpacker-Fokus | Fernbusse | Bahn | Öffentlicher Nahverkehr | Airlines Touranbieter | Fähren | Mitfahrgelegenheit | Radfahren | Wandern 226
14.8 Leben & Erleben
Anruf-Vergleichsportale | Backpacker *travel agencies* 228
14.9 Kontakte & Adressen
Botschaften 228
14.10 Nützliche Apps 229

Stichwortverzeichnis 230

Vorwort

Ich als Backpacker am Cape Tribulation, Queensland

Du bist auf der Suche nach einer einzigartigen Reise, die dich persönlich prägen wird, und du möchtest mehr als nur Fotos oder Magneten als Erinnerung mit nach Hause bringen? Dann geht es dir wie vielen.

Ein *gap year*, eine Auszeit zwischen zwei Lebensabschnitten, liegt voll im Trend – nicht nur unter Schulabgängern, sondern auch bei Studenten und Berufstätigen. Sie möchten die Chance nutzen, für längere Zeit ins Ausland zu gehen. Eine besonders beliebte Reiseart ist Work & Travel. Mit Jobs vor Ort finanzierst du deinen Trip und kannst für mehrere Monate oder Jahre unterwegs sein.

Viele Work & Traveller zieht es ans andere Ende der Welt – nach Australien. Endlose Weiten, traumhafte Strände, die einzigartige Tier- und Pflanzenwelt sowie ein entspannter Lebensstil und freundliche Einwohner machen Down Under zu einem Backpacker-Paradies.

Eine Work & Travel-Gebrauchsanleitung, der du Schritt für Schritt folgen kannst, gibt es nicht. Dieser Ratgeber ist vielmehr ein Leitfaden, der dich von Beginn an bis zur Rückreise durch dein Auslandsabenteuer führt: angefangen bei den ersten Überlegungen und Vorbereitungen über das Leben und Arbeiten vor Ort bis hin zur Verlängerung und Heimkehr.

Alle wichtigen Informationen zur Visumsbewerbung, Steuernummerbeantragung und Arbeitssuche sind ebenso enthalten wie zusätzliche Tipps zu Jobs in den Bundesstaaten, ein Elternkapitel und Erfahrungsberichte ehemaliger Backpacker. Im Anhang findest du Anbieter und Website-Adressen übersichtlich aufgelistet.

Du allein bestimmst den Verlauf deines Work & Travel-Aufenthaltes. Viele in diesem Buch erklärten Schritte kannst du so machen, musst du aber nicht. Einige beschriebene Szenarien können so passieren, aber auch ganz anders ablaufen. Work & Travel ist ein wunderbar unberechenbarer Trip. Du kannst noch so viel planen und vorbereiten – am Ende kommt es anders, als gedacht.

Vieles wird wie von selbst gehen, manches nicht auf Anhieb klappen, einiges vielleicht auch total daneben gehen. Es ist die Summe an Erfahrungen und Eindrücken, die dein Work & Travel einzigartig machen. Lass dich mitreißen von unvergesslichen Erlebnissen, Bekanntschaften und Entdeckungen.

Auf nach Australien!

Steffi Stadon

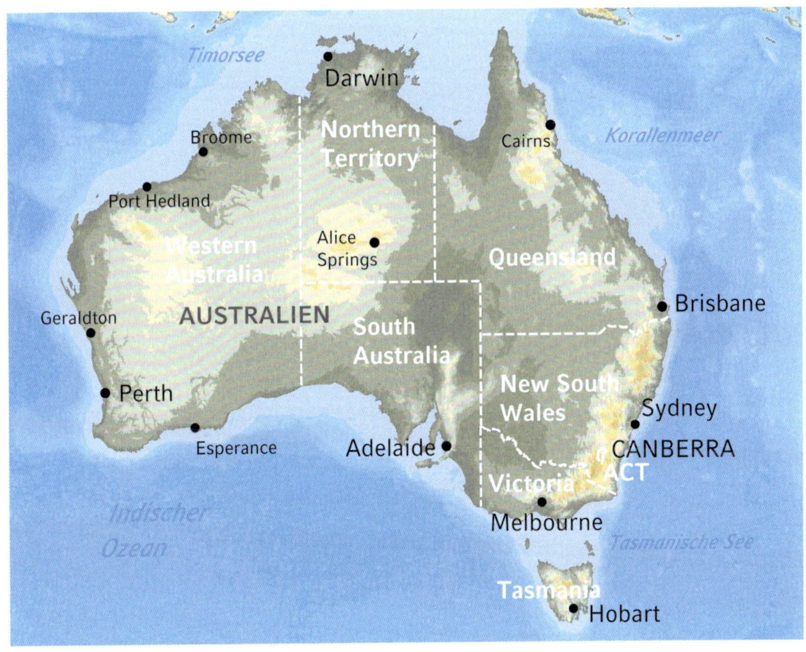

1. Erste Gedanken

Work & Travel erweitert den Horizont

1. Erste Gedanken

Das Internet ist voll von Definitionen, Erklärungen und Anleitungen zum Thema Work & Travel. Da den Überblick zu behalten, fällt schwer. Auf den folgenden Seiten – sozusagen als Intro – erfährst du, was genau hinter Work & Travel steckt, ob es überhaupt das richtige Auslandsprogramm für dich ist und wann bzw. warum es sich lohnt, nach Australien aufzubrechen. Lass deinen Fernweh-Gedanken freien Lauf, bevor wir uns in die konkrete Vorbereitung stürzen.

1.1 Was ist Work & Travel?

Work & Travel kombiniert Arbeiten und Reisen im Ausland. Das Programm gestattet es jungen Weltenbummlern wie dir, für einen zeitlich befristeten Aufenthalt in ausgewählten Ländern zu reisen und mit Jobs vor Ort die Reisekasse aufzubessern. Mögliche Länder sind neben Australien auch Neuseeland oder Kanada.

Good to know: Was sind Working Holidays?
Das Abkommen hinter Work & Travel heißt im Original Working Holiday Scheme, das Visum Working Holiday Visa (siehe Seite 36). Allerdings hat sich die eingängige Bezeichnung Work & Travel unter Teilnehmern und Anbietern hierzulande fest etabliert.

Quick facts

- Alter: 18 bis 30/35 Jahre
- Dauer: bis zu zwölf Monate, ggf. Verlängerung möglich
- beliebiger Wechsel von Reisen und Arbeiten
- ausgefallene Jobmöglichkeiten
- neue Bekanntschaften aus aller Welt

Du entdeckst Australien von einer Perspektive, die dem normalen Urlauber verwehrt bleibt. Deine Erlebnisse sind aufgrund der Aufenthaltslänge und Alltagsroutine im Job sehr viel authentischer. Als Work & Traveller bist du mehr als nur Tourist – und hast dabei noch jede Menge Spaß.

Good to know: Multikulti-Community:
2017/2018 wurden insgesamt 210.456 Working Holiday Maker Visa ausgestellt, davon 23.867 an Deutsche. Die meisten Teilnehmer (37.752) stammten aus Großbritannien. Auf den Plätzen 3, 4 und 5 folgten Frankreich, Südkorea und Taiwan.

Mit Sack und Pack ans andere Ende der Welt

1.2 Warum Work & Travel

Es sind die abenteuerlichen Geschichten, die „Neulinge" wie dich anlocken – die Kombination aus entspanntem Leben, waghalsigen Erlebnissen, einmaligen Jobs und atemberaubenden Landschaften. Das Work & Travel-Fieber ist hochgradig ansteckend. Unzählige Blogbeiträge, Vlogs, Internetforen oder der Freundes- und Bekanntenkreis tragen dazu bei.

Bericht: Anna G. – Warum Work & Travel

„Was man in neun Monaten Work & Travel lernt, kann einem kein Lehrer oder Professor je beibringen, man muss es einfach selbst erleben. […] Die vielen netten und offenen Menschen überall, jeden Tag etwas Neues zu erleben und neue Freunde zu machen, die Spontanität, die man als Backpacker jeden Tag erfährt, einfach alles ist ein Erlebnis! Überlegt nicht lange und geht einfach! […] Ihr werdet viele tolle Menschen kennenlernen und auch selbst an vielen neuen Erlebnissen wachsen. Und wenn einmal etwas nicht ganz so läuft wie gewollt, kommt kurz darauf wieder eine andere Chance auf etwas Besseres. Seid spontan und offen für alles und lasst nie den Kopf hängen, dann meistert ihr euren Auslandsaufenthalt mit links. Lasst euch auch nicht von anderen sagen, was ihr richtig und falsch macht, das ist euer Jahr, macht das Beste draus, und wenn euch eine Situation nicht passt, ändert sie! Man lebt nur einmal."

Pro Work & Travel: Intensive Reiseart

- Kennenlernen von Land, Natur und Kultur
- Weiterentwicklung der eigenen Persönlichkeit
- Verbesserung der Englischkenntnisse
- Lust auf großes Abenteuer, Aussicht auf lässigen Lebensstil
- Arbeitserfahrung sammeln/Lebenslauf aufwerten
- Zeit mit Gleichgesinnten verbringen
- Möglichkeit, nebenbei Geld zu verdienen

Contra Work & Travel: Zeitverschwendung?

Lass dir nicht einreden, Work & Travel sei eine Zeitverschwendung. Als Backpacker lernst du, auf eigenen Beinen zu stehen, Verantwortung zu übernehmen, dich in einer fremden Kultur zu bewähren und Sprachbarrieren zu überwinden. Verlässt du die eigene Komfortzone und wagst dich in unbekannte Situationen, lernst du nicht nur die eigenen Stärken, sondern auch deine Grenzen kennen. Diese Erfahrungswerte sind eine Bereicherung, sowohl beruflich als auch persönlich.

Maybe: Perfect Match

Nicht jeder ist für das Nomadenleben eines Backpackers geschaffen. Nur, oder gerade weil es gefühlt jeder zu machen scheint, heißt das nicht, dass jeder es auch machen sollte. Bevor dich das Fernweh samt *backpack* nach Australien treibt, frage dich, ob Work & Travel wirklich das Richtige für dich ist und ob das, was du vorab liest oder hörst, zu dir und deinen Erwartungen passt. Zwar entwickelt sich deine Persönlichkeit weiter, doch manche Charaktereigenschaft sollte bereits im Gepäck sein.

Good to know: Charakterliche Checkliste

- Aufgeschlossenheit und Toleranz
- Kontaktfreudigkeit
- Selbstständigkeit
- Eigeninitiative
- Flexibilität und Ausdauer
- Neugierde und Abenteuerlust

1.3 Wann Work & Travel

Den perfekten Zeitpunkt für Work & Travel gibt es nicht. Auch wenn die große Mehrheit nach der Schule loszieht, ermöglicht das Visum auch 30-Jährigen eine Teilnahme am Programm. Du allein entscheidest, wann und für wie lange du die Reise in deinem Lebenslauf unterbringst.

Nach der Schule

Die Schule ist abgeschlossen – und nun? Einige wissen bereits ganz genau, welchen Weg sie einschlagen möchten. Andere hingegen sind noch völlig ziel- und planlos. Work & Travel ist perfekter Lückenfüller zwischen Schule und beruflicher Zukunft. Nicht, um vor wichtigen Entscheidungen zu fliehen, sondern um die neu gewonnene Freiheit in vollen Zügen zu genießen, bevor der Ernst des Lebens beginnt. Währenddessen sammelst du Erfahrungen und wirst dir so bewusst, was du von deinem Leben erwartest.

Cara W.: Work & Travel nach der Schule

„Im Grunde wollte ich schon immer ins Ausland nach der Schule, weil meine Familie sich keinen High School-Austausch in der 11. Klasse leisten konnte. […] Die Idee mit Australien kam dann, weil ich vom Working Holiday Visum gehört habe und meine Eltern vor 20 Jahren selbst in Australien waren und mir die Erzählungen und Bilder noch im Kopf herumgeschwirrt sind. Ein wichtiger Grund war auch, dass ich mit 17 Jahren Abitur gemacht habe, sodass ich mir nicht vorstellen konnte, sofort mit dem „richtigen Leben" anzufangen, da tat mir eine Auszeit zum Erwachsenwerden ganz gut. Quasi den Ernst des Lebens erst mal aufschieben und ein Jahr lang die weite Welt und dabei sich selbst entdecken."

Falls du bereits einen Studien- oder Ausbildungsplatz sicher hast, kannst du die Zeit bis dahin mit Work & Travel überbrücken. Du musst nicht ein volles Jahr in Australien bleiben, um das Beste aus dir bzw. für dich herauszuholen.

Work & Travel verspricht grenzenlose Freiheit

Typisch Australisch

Nach dem Studium/der Ausbildung

Die Aussicht auf 40 bis 50 Jahre arbeiten nonstop klingt nicht wirklich verlockend. Bevor du dich in den Berufsalltag stürzt oder dich fragst, was du zukünftig mit deinem Bachelor in BWL anfängst, ist Work & Travel ein willkommener Cut. Auch die lieben Eltern können bei etwaigen Zweifeln über deine Pläne beruhigt sein: Schließlich steht einem „soliden" Leben nach deiner Work & Travel-Pause nichts im Weg.

Als Sabbatical

Ist der Alltag zu monoton, verschafft Australien auch Berufserfahrenen die ersehnte Auszeit vom Job bzw. Leben. Da Work & Travel altersmäßig auf Anfang 30 begrenzt ist, schöpfen einige die Möglichkeiten voll aus, ehe die Frist abläuft. Eine solche Auszeit, durch Kündigung oder unbezahlten Urlaub, wird als Sabbatical bezeichnet.

Amelie K.: Auszeit vom Job

„Die Idee des Work & Travel hatte ich schon eine Weile, die wirkliche Motivation (und damit auch der eigentliche Zeitpunkt) kamen zu einer Zeit, in der ich beruflich eine Pause und Freiraum brauchte. Ich habe mir Inspiration, Freiheit und ein Abenteuer gewünscht. Und bekommen."

Andere gehen zunächst arbeiten, um möglichst viel für Work & Travel anzusparen. Während Schulabgänger und Studenten zusehen müssen, nebenbei Geld zu verdienen, um sich ihr Auslandsabenteuer leisten zu können, legen Berufstätige einen Teil ihres Einkommens beiseite und fliegen mit einem guten finanziellen Polster.

Good to know: Kein altes Eisen

Auch wenn das Durchschnittsalter der Work & Traveller bei Anfang oder Mitte Zwanzig liegt, wirst du als Endzwanziger, Anfang 30-Jähriger nicht von der Backpacker-Gemeinde ausgeschlossen.

Ebenso flexibel wie beim Alter bist du bei der Dauer. Das Visum ist zwölf Monate gültig. Ob du nur vier Monate bleiben kannst, weil deine Ausbildung anfängt, dein Arbeitgeber maximal sechs Monate Urlaub für das Sabbatical genehmigt oder du das volle Jahr ausschöpfst, da in der Heimat keine Verpflichtungen warten – *it's totally up to you*!

1.4 Mit wem Work & Travel

Während die einen ohne Zögern und Begleitung nach Australien aufbrechen, gehen andere in ihrem Freundeskreis oder online auf die Suche nach einem *travel buddy*, bevor sie sich ins Abenteuer stürzen.

Allein unterwegs

Eine Vielzahl der Backpacker fliegt ohne Reisepartner nach Australien. Allein reisen erfordert durchaus Mut, birgt aber viele Vorteile. Als Solo-Reisender kannst du tun und lassen, was du möchtest, bist offen für Neues und an nichts und niemanden gebunden. Auch die Arbeitssuche gestaltet sich einfacher.

Carolin W.: Allein in Australien

„Ich bin zusammen mit einer Freundin gestartet, nach fünf Wochen war ich dann allerdings allein. Ich hatte erst Angst davor, die aber schnell verflogen ist, da ich immer wieder andere Reisende kennengelernt habe und somit nur selten wirklich allein war. Im Nachhinein bin ich sehr froh, dass es so gekommen ist. Ich habe unglaublich viel gelernt, bin offener geworden, habe mich selbst besser kennengelernt und ich bin sicher, dass meine Work & Travel- Zeit durch das ‚Allein-Reisen' sehr viel ereignisreicher und kontaktfreudiger war."

Bereits bei der Planung kannst du auf den Erfahrungsschatz deiner Vorgänger zurückgreifen bzw. dich vor Ort mit anderen austauschen. Du magst zwar solo reisen, aber einsam oder gar verlassen bist du eigentlich nie. Online gibt es unzählige Anfragen zur Reisepartnersuche, sei es, weil man ein paar Tage in der Stadt ist oder im Auto noch Plätze frei sind. Spätestens in der Hostelküche oder auf dem Mangofeld triffst du auf zahlreiche Weltenbummler, die sich als kurzweilige Bekanntschaften, potenzielle Reisegefährten oder lebenslange Freunde entpuppen.

Good to know: Als Frau allein reisen

Australien ist ein sicheres Reiseland, in dem weibliche Backpacker unbedenklich unterwegs sein können. Verlasse dich auf dein Bauchgefühl bzw. gesunden Menschenverstand und du reist bestens allein Down Under.

Unter Freunden/In der Gruppe

Mitunter ziehen Freunde gemeinsam ins Abenteuer oder gehen zumindest die ersten Schritte Seite an Seite. Ebenso oft schließen sich Backpacker vor Ort zu Gruppen zusammen. Anfallende Kosten, z. B. für ein Auto oder Essen, können ebenso geteilt werden wie die Bauchklatscher beim Surfunterricht oder die gemeinsamen Sonnenuntergänge am Strand. Auch im Notfall ist jemand da, den man an seiner Seite weiß.

Amelie K.: Zu zweit unterwegs

„Ich habe das Vorhaben zusammen mit einer Freundin geplant und wir sind neun Monate lang zusammen durch Australien gereist. Das war super. Man hat sich viel sicherer gefühlt, konnte direkt Erlebnisse mit einem wichtigen Menschen teilen oder sogar miteinander erleben. Das empfinde ich als großen Vorteil, weil es für Daheimgebliebene oft schwierig ist, sich alles vorzustellen und sich in bestimmte Lagen zu versetzen. Es ist […] total toll, zusammen in Erinnerungen zu schwelgen. Außerdem schweißen solche once in a lifetime-*Ereignisse zusammen."*

Doch was geschieht, wenn einer von euch auf einer Farm einen Job findet, während dem anderen allmählich das Geld ausgeht? Oder der eine Silvester unbedingt in Sydney feiern möchte, der andere aber keine Lust auf überfüllte Straßen und teure Hostels hat? Nicht jede Freundschaft, sei sie auch noch so langjährig und innig, hält dem Backpackerleben stand.

Als Freunde gemeinsam nach Australien

Auch in der Gruppe sind Kompromisse erforderlich. Sprecht über die eigenen Pläne: Was möchtet ihr sehen, wie viel Zeit und Geld stehen zur Verfügung und welche Jobs habt ihr im Kopf? Seid euch bewusst, dass jederzeit der Tag kommen kann, an dem sich eure Wege trennen.

Als Paar

Gemeinsame Erfahrungen schweißen zusammen. Andererseits hängt dem Partner-Urlaub auch der Ruf eines Beziehungskillers an. Getrennte Wege zu gehen, weil die ständige Nähe oder gegensätzliche Pläne für dicke Luft sorgen, ist keine Alternative. Vielmehr sind die Gedanken auf einen Nenner zu bringen, um noch Jahre später beim Fotos anschauen ins Träumen statt in Streit zu geraten.

Andere wiederum lassen die bessere Hälfte in der Heimat zurück. Während ein Partner im Alltag lebt, hangelt sich der andere von einem außergewöhnlichen Erlebnis zum nächsten. Es bedarf Toleranz und Vertrauen oder der Vereinbarung, sich Freiräume zu geben, damit die plötzliche Fernbeziehung auch nach dem Work & Travel-Aufenthalt fortbesteht.

1.5 Mit oder ohne Organisation

Nur wenige Fragen werden so heiß diskutiert wie die, ob man Work & Travel mit einer Organisation oder auf eigene Faust planen sollte. Die geäußerten Meinungen reichen von „Wichtige Hilfestellung“ über „Nicht unbedingt notwendig“ bis hin zu „Absolute Geldabzocke“.

Organisationen entstanden zu einer Zeit, in der Work & Travel noch in den Kinderschuhen steckte. Informationen zum Thema waren oftmals nur durch sie verfügbar. Zu den Pionieren gehören Anbieter wie TravelWorks und Praktikawelten. Mittlerweile sind die Informationen frei zugänglich und Work & Travel ohne Probleme allein zu stemmen. Auch wenn die Notwendigkeit einer Organisation nicht mehr besteht, haben sie je nach Reisetyp und Ansprüchen noch immer eine Berechtigung. Eine falsche Entscheidung gibt es nicht, nur ein persönliches Für und Wider.

Mit Organisation

Organisationen sind Reiseveranstalter, die Work & Travel als festes Programm anbieten. Oftmals vermitteln sie noch andere Auslandsaufenthalte wie Sprachreisen, Freiwilligenarbeit oder Au-pair.

Mit einer Organisation fliegt man oft in der Gruppe nach Australien.

Sie organisieren deinen Start und versorgen dich mit allen nötigen Infos zum Visum, zur Bankkontoeröffnung, Steuernummerbeantragung und Jobsuche. Ihre Pakete beinhalten i. d. R. den Flug, die ersten Nächte in Australien und einen Infoworkshop vor Ort. Daneben gibt es sogenannte „Starter-“ bzw. „Arrival-Pakete“, in denen kein Flug, aber ausgewählte Touren, Kurse oder Farmarbeit enthalten sind. Auch wenn sich die Programme der Anbieter auf den ersten Blick ähneln, lohnt ein Vergleich der Leistungen wie die Anzahl der enthaltenen Nächte.

Urban Myths: Geldverschwendung durch Organisation?
Sicher zahlst du bei der Reise mit Organisation etwas mehr, allerdings sparst du Zeit und Aufwand. Das wiederum hat seinen Preis und ist manchem Backpacker viel Wert.

Für eher unerfahrene bzw. unsichere Work & Traveller und diejenigen, die den hohen Rechercheaufwand scheuen oder vor lauter Infos den Überblick verlieren, ist die Unterstützung durch eine Organisation super. Sie können auf die Erfahrungswerte der Mitarbeiter vertrauen und haben einen festen Ansprechpartner, sowohl in Australien als auch vor Ort. Auch ältere Teilnehmer sind bei einer Organisation gut aufgehoben, falls sie aufgrund beruflicher Verpflichtungen keine Zeit haben, alles selbst zu planen. Und schließlich wissen auch Eltern den Kontakt zu einer in der Heimat ansässigen Organisation zu schätzen, wenn der Spross in Australien allein unterwegs ist.

Pro	Contra
Recherche- und Zeitersparnis	Bequemlichkeit des Teilnehmers
Informationen aus einer Hand	höhere Programmkosten
feste Betreuung	ggf. nur Hilfestellung (Visum, Job)
Einstiegshilfe	eingeschränkte Angebote
Gefühl von Sicherheit	keine Garantie für perfektes Work & Travel-Jahr

Lisann H.: Warum mit Organisation?

„Dass ich mein Australien-Abenteuer mit [TravelWorks] als Stütze antreten würde, stand für mich relativ schnell fest. Es war meine erste Reise dieser Art und da ich allein […] gestartet bin, fand ich den Gedanken sehr angenehm, jederzeit von erfahrenen Menschen Unterstützung erhalten zu können. Diese habe ich schon einige Zeit vor Antritt meiner Reise in Anspruch genommen, um alles Bürokratische zu erledigen und während meiner Vorbereitungszeit nicht den Überblick zu verlieren. […] Während meiner Zeit in Australien war es außerdem ein gutes Gefühl, sogar vor Ort eine Anlaufstelle zu haben – ganz gleich, ob man sie (oft) nutzt oder eben nicht. […] Diese Reise war […] schon aufregend und abenteuerlich genug, und da war es nun mal toll, ein Stück weit das Gefühl von Sicherheit durch die Organisation zu haben […] Es war gut für [meine Familie und Freunde] zu wissen, dass nicht nur ich einen Ansprechpartner habe, der sich mit allem rund um die Reise gut auskennt, sondern dass auch sie jemanden hatten, an den sie sich hätten wenden können. […] Ob ich bei meinen weiteren Reisen […] wieder mit einer Organisation reise, kann ich jetzt noch nicht sagen. Denn durch das gute Australien-Erlebnis (auch Dank der Organisation) habe ich an Reisesicherheit gewonnen […]. Für all diejenigen jedoch, denen solch ein Abenteuer zum ersten Mal bevorsteht, kann ich eine Organisation nur wärmstens empfehlen."

Ohne Organisation

Heutzutage ist es ein Leichtes, Work & Travel allein zu organisieren. Dieser Ratgeber, das Internet sowie Bekannte und Freunde, die selbst schon als Backpacker in Down Under unterwegs waren, versorgen dich mit allen Infos, die du wissen musst. Dinge wie die Visumsbeantragung, Flugbuchung oder Bankkontoeröffnung erledigst du problemlos und schnell online.

Australien macht es Backpackern leicht.

In Australien angekommen, sorgt eine perfekt ausgebaute Infrastruktur für Backpacker dafür, dass du alles Weitere unkompliziert selbst angehen kannst und dich nicht hilflos fühlst. Außerdem bist du durch deine gute Vorbereitung bereits „im Flow", Dinge selbst anzupacken und eigenständig Informationen einzuholen.

Pro	Contra
hohe Eigenständigkeit	anfänglich auf sich allein gestellt
flexible und individuelle Planung	Überforderung aufgrund vieler Angebote
Geldersparnis	hoher Recherche- und Zeitaufwand
breites Wissen infolge eigener Planung und Informationssuche	ggf. falsche Informationen durch Dritte
Learning by Doing	kein fester Ansprechpartner

Zudem bist du ohne Organisation flexibler, was die Gestaltung deines Work & Travel-Aufenthaltes betrifft – zumindest vorab. Während Organisationen meist nur ausgewählte Startdaten, Fluggesellschaften oder Hostels anbieten, kannst du auf eigene Faust alles individuell festlegen. Du musst dich nur darum kümmern.

Mittelweg

Bei deiner Recherche stößt du auf Anbieter, die allgemeine Informationen zu Work & Travel bereitstellen und/oder einzelne Leistungen wie Flugbuchungen, Übernachtungen, Versicherungen oder Touren anbieten. Du entscheidest nach dem Baukastensystem, ob du nur auf die Infos zurückgreifst oder einzelne Angebote buchst.

Reiseagentur für Backpacker in Sydney

Als Beachboy/-girl kommst du Down Under voll auf deine Kosten.

1.6 Warum Australien

Es gibt nur wenige Argumente, die gegen Australien sprechen: einige giftige bzw. bissige Einwohner, Gruselszenarien im menschenleeren Outback oder das erhöhte Hautkrebsrisiko. Doch wenn 25 Millionen Menschen unter diesen Umständen überleben, gelingt dir das sicherlich auch.

- Du fliegst ans andere Ende der Welt! Weiter weg von zu Hause ist kaum möglich.
- Wo sonst kannst du mit Kängurus um die Wette springen oder für Selfies mit Quokkas posieren?
- Mehr als 10.000 Strände vor azurblauem Wasser warten auf dich. Noch Fragen?
- Ansonsten gäbe es da noch immergrüne Regelwälder, tiefrotes Outback, ein farbenfrohes Spektakel unter Wasser, Trendsetter-Metropolen ...
- Aufgrund der Ausmaße ist immer irgendwo Sommer. Im Idealfall kannst du ein Jahr lang auf der Sonnenseite des Lebens verbringen.
- Auf sieben Millionen Quadratkilometern Fläche ist Platz genug für jeden. Deiner Suche nach Freiheit und Selbstverwirklichung sind keine Grenzen gesetzt.
- In den Aussies hast du unglaublich herzliche Gastgeber.
- Australien ist ein sicheres Reiseland mit westlichen Standards. Gerade für Reiseanfänger ein guter Einstieg, um neue Länder und Kulturen kennenzulernen.
- Das Working Holiday Visum ist nicht limitiert, die Bewerbung das ganze Jahr über möglich. Wenn du spontan bist, könnte es also übermorgen schon losgehen.
- Die Backpacker-Kultur vor Ort fängt vor allem unerfahrene Weltenbummler auf, erspart aber auch selbstständigen Reisenden viel Zeit und Aufwand.
- In den Städten, aber vor allem auf dem Land, ergeben sich unzählige Jobs. Der Pleitegeier sollte also nicht über dir kreisen.

1.7 Erwartungen versus Realität

„Der ist nur mit 200 EUR nach Australien gereist? – Prima, mehr hab ich auch nicht!"
„Die hat sofort einen Job gefunden? – Toll, brauch ich mir darüber keine Sorgen zu machen!"
„Fraser Island muss man gemacht haben? – Alles klar, da muss ich auch hin!"

Viele Backpacker, die in Australien waren oder noch sind, verbreiten ihre Erfahrungen auf Partys, in Büchern oder im Netz. Es gibt unglaublich viele Work & Travel-Quellen, die oft nützlich, manchmal aber auch Stolperfallen sind. Sie geben mitunter nicht nur falsche Auskünfte, sondern führen bei dir zu einer fixen Erwartungshaltung, die sich erfüllen kann, aber nicht muss.

Je weniger du erwartest und umso realistischer du herangehst, desto unbekümmerter erlebst du Down Under. Und so kommt es: Du kaufst dir gemeinsam mit anderen ein Auto, obwohl du es nicht geplant hattest, und erlebst den Roadtrip deines Lebens. Du wolltest in einer angesagten Hafenbar in Sydney arbeiten, landest aber im tiefsten Provinz-Pub und verliebst dich in die Dorfidylle.

Doch manchmal kommt es eben anders: Du stellst entsetzt fest, dass dir Freunde und Familie wahnsinnig fehlen und fliegst nach nur wenigen Wochen zurück nach Hause. Oder auf deinem Bankkonto herrscht bereits nach kurzer

Work & Travel heißt, ab ins Ungewisse!

Zeit gähnende Leere, der Job lässt auf sich warten und dir bleibt nichts anderes übrig, als den Rückzug anzutreten.

Nicht jeder erlebt die *happily ever after*-Ausgabe von Work & Travel. Es wird nicht alles grandios sein oder genauso verlaufen wie bei deinen Vorgängern. Solange du die eigene Messlatte weder zu hoch noch zu niedrig legst und dir bewusst bist, dass Work & Travel viel Vergnügen, aber auch ein wenig Pflicht bedeutet, erlebst du in Australien die Zeit deines Lebens.

TIPP: Ein unvergessliches Work & Travel-Jahr

- für das Wesentliche vorbereitet sein: Visum, Ersparnisse etc.
- weniger planen, mehr erleben
- Infos in Reiseforen, Vlogs etc. einholen, aber nicht jede Antwort verinnerlichen
- entspannt sein, aber nicht naiv
- anderen Backpackern gegenüber offen sein, aber eigenen Weg finden
- auch unter Deutschen Englisch sprechen, sonst wird das nie was mit der Zweitsprache
- an kleinen Problemen nicht verzweifeln, sondern Herausforderung sehen
- selbstständig werden, aber Eltern/Freunde am Abenteuer teilhaben lassen

2. Aus Elternsicht

Wenn Kinder flügge werden …

2. Aus Elternsicht

Ihr Kind kommt plötzlich mit sehr wenig aus.

Der Tag kommt ganz gewiss; bei manchen früher, bei einigen später: Das Kind wird flügge. Wenn du dann auch noch den Gedanken äußerst, in Australien aus den Kinderschuhen entwachsen zu wollen, beschleicht deine Eltern nicht selten Hilflosigkeit. Es spielt keine Rolle, ob du gerade erst 18 geworden bist oder bereits mit beiden Beinen fest im Leben stehst – um den Nachwuchs besorgt zu sein, gehört zum Elternsein dazu.

Work & Travel liegt zwar allein in deinen Händen, doch deine Eltern sind ein ebenso wichtiger Faktor, wenn es um die Planung geht. Daher ist dieses Kapitel in erster Linie den Müttern und Vätern gewidmet. Du kannst das Buch jetzt also gerne weiterreichen.

2.1 Ein Generationenkonflikt?

„Hinaus in die Welt" bedeutet seit jeher das große Unbekannte zu entdecken oder seinem Charakter den Feinschliff zu geben. Einer ähnlichen Aufbruchstimmung folgten vielleicht auch Sie einst mitsamt der Lonely Planet-Erstausgabe. Doch die Möglichkeiten und Erwartungen von damals stehen kaum mehr in einem Verhältnis zu denen von heute.

Die Welt ist zusammengewachsen, Bildung hat sich zu einem Exportschlager entwickelt. Ein Auslandsaufenthalt ist mittlerweile feste Rubrik im Lebenslauf. Mitunter wird er sogar gefordert oder zumindest vermisst, wenn er nicht erwähnt ist. Ihrem Sprössling liegt die Welt zu Füßen. Überlassen Sie ihm es, diese Chance zu nutzen – sei es für einen Schüleraustausch, ein Praktikum oder eben Work & Travel. Denn auch letzteres ist ein Bildungsprogramm.

2.2 Zukunftssorgen

Es mag ein wenig spirituell für Sie klingen. Aber ja, Work & Travel erweitert den Horizont. Die Reise folgt keinem konkreten Lehrplan, vielmehr ist es eine Unterrichtsstunde zum Thema „Leben". Was nutzt die ganze Theorie, wenn der Praxisbezug fehlt?

Ihr Kind ist gewappnet für zukünftige Herausforderungen und geht diese leichter an. Außerdem führt die geforderte Eigenständigkeit fernab Ihrer Fürsorge dazu, dass Ihr Kind endlich denjenigen Pflichten nachgeht, die daheim nicht so recht hängen blieben: Geschirr spülen, Wäsche waschen und Essen machen, auch wenn es nur Wasserkochen für die Instant-Nudeln ist.

Eine Lücke im Lebenslauf?

Im Job ist ein längerer Aufenthalt im Ausland längst ein Pluspunkt. Es ist irrelevant, ob die Tätigkeiten vor Ort nur Gelegenheitsjob sind und wenig Kompetenzen vermitteln. Ihr Kind wird kaum nach Rückkehr hauptberuflich Kirschen pflücken oder Flyer verteilen wollen. Am Ende der Reise stehen eine gewachsene Selbstständigkeit, eine höhere Aufgeschlossenheit und wie es so schön heißt „interkulturelle Kompetenzen“; von den besseren Sprachkenntnissen und neuen Freunden abgesehen – alles Lebenslauf-Attribute, die sich „lesen lassen” können.

Dass bereits berufstätige Kinder infolge einer Auszeit viel aufgeben, ist ebenso falsch gedacht. Ein Lebenslauf sollte nicht nur darauf ausgerichtet sein, möglichst schnell, sicher und zielstrebig ans Ziel zu gelangen, sondern auch Chancen zu nutzen statt zu vergeben. Ein Sabbatical ist keinesfalls ein Karrierekiller, sondern ganz im Gegenteil eine persönliche Weiterbildungsmaßnahme.

Work & Travel ist keine Einbahnstraße auf den Weg in eine rosige Zukunft Ihres Kindes, keine Zeit- oder Geldverschwendung. Es ist vielmehr ein wertvolles Investment in die eigene Entwicklung und somit eine wunderbare Abzweigung, die zum gleichen Ziel führt.

Work & Travel verbindet Welten.

2.3 Sicherheit auf Reisen

Ihr Kind bewegt sich in Australien in den seltensten Fällen auf Abwegen, sondern wandelt auf Pfaden, die schon Tausende vor ihm gelaufen sind oder selbst gerade gehen.

Zugegeben – Australien erfüllt so manche Klischees: weit weg vom Schuss, bevölkert von giftigsten Tieren, ein bisweilen launiger Wettergott … Alles Gefahren, die laut Statistik irrelevant sind. Das Risiko für Ihr Kind, daheim beim Treppensteigen einen Bänderriss zu erleiden, ist wohl deutlich höher, als Down Under von einer Schlange zum Frühstück verspeist zu werden. Von waghalsigen

Quallen-Warnhinweis

Plänen wie Bungee-Jumping erfahren Sie bestenfalls erst im Nachhinein.

Zudem gehört Australien laut des Auswärtigen Amtes zu den sicheren Reiseländern. Ihrem Kind drohen kaum Gefahren, die nicht auch in der Heimat auftreten könnten. Kommt es doch einmal zum Notfall, sorgen die passende Auslandskrankenversicherung (siehe Seite 43) und der hohe medizinische Standard in Australien dafür, dass der Nachwuchs bestens versorgt ist.

2.4 Zwischen Laissez-faire & Helikopter

Bekommen die Kinder plötzlich Flügel, möchten manche Eltern sie am liebsten gleich wieder stutzen. Andere wiederum geben kräftig Aufwind, um die Kinder möglichst weit treiben zu lassen. Für die einen ist es ein wichtiger Schritt zum Erwachsenwerden. Andere sehen darin nichts weiter als ein Jahr Auszeit zum „Toben", nur dass der Spielplatz einige Quadratkilometer größer ist.

Ein Extrem sind die „Helikopter-Eltern", die ständig und überall ihr Kind umkreisen. Indem sie nur das Beste für ihr Kind anstreben, bleiben dessen Selbstständigkeit auf der Lernstrecke. Dem gegenüber stehen Eltern, die einen Auslandsaufenthalt nicht nur fördern, sondern auch fordern. Schließlich lernt man nicht nur daheim unter Mutters Fittichen, wie das wahre Leben läuft.

Egal, zu welchem Typ Eltern Sie sich zählen, ob Ihre Gefühle eher zu fehlendem Verständnis neigen, zu überschwänglicher Unterstützung tendieren oder sich irgendwo dazwischen abspielen – ist Ihr Kind erst einmal in Down Under angekommen, verfolgen Sie bestimmt fieberhaft und mit Stolz, wo es sich gerade aufhält und welche Abenteuer es erlebt.

Cara W.: Reaktion der Eltern

„Eigentlich nur positiv, weil sie beide zusammen vor 20 Jahren auch nach Australien gereist sind und so begeistert von dem Land waren, dass sie mir die Reise nur gegönnt haben. Mein Papa war sogar sehr neidisch, weil er immer noch von Down Under träumt. Klar, die beiden waren auch etwas traurig, ihre „Kleine" so weit weg ziehen zu lassen, aber wir wussten ja alle, dass es nur ein Abschied auf Zeit war und ich spätestens nach zwölf Monaten wieder zurückkommen muss. Deshalb haben sie sehr gut reagiert und sich nicht allzu große Sorgen gemacht – oder zumindest ihre Sorgen gut vor mir versteckt."

2.5 Elterliche Verhaltensregeln

Um Ihrer Besorgnis Paroli zu bieten, beteiligen Sie sich an der Planung des Work & Travel-Jahres. Gemeinsames Schmökern im Reiseführer steigert die Begeisterung auf beiden Seiten. Wer auch während der Reise von zu Hause aus mitfiebert, fühlt sich dabei. Dafür reicht schon eine Australienkarte und das Nachzeichnen der Reisewege, wie es mein Vater getan hat. Die Karte hing an der Tür meines Kinderzimmers.

Kontakt halten

Dank des Internets ist es eine Leichtigkeit, auch über 14.000 Kilometer Entfernung in Kontakt zu bleiben. Manche Eltern-Kind-Gespanne vereinbaren feste Termine, andere rufen nur sporadisch an. Wenn sich Ihr Nachwuchs wochenlang nicht meldet, ist er nicht gleich vom Känguru umgeboxt worden, sondern hat einfach nur Spaß oder schlichtweg keinen Empfang. *No news is good news!* Spätestens wenn der Spross Probleme hat, sei es Liebeskummer oder Geldnot, meldet er sich von ganz allein.

Loslassen können

Aber Vorsicht: Das Zepter sollte bei aller Anteilnahme stets in den Händen Ihres Kindes bleiben! Übernehmen Sie die gesamte Planung für den Nachwuchs, dürfen Sie sich nicht wundern, wenn Ihre Tochter oder Ihr Sohn nach nur wenigen Tagen Ihre akribisch erstellte Reiseroute links liegen lässt oder die extra eingekaufte Sicherheits-Bauchtasche aus Peinlichkeit im Hostel „vergisst“.

Ein gewisser Abstand ist unabdingbar: Wenn Sie Ihr aufgelöstes Kind am liebsten nach einer Woche wieder heim fliegen lassen, nur weil es keinen Job findet, gehen Sie den falschen Weg. Schicken Sie Ihrem Kind bei jedem letzten Cent Geld nach Australien, verfehlen Sie ebenso das Ziel. Wie soll Ihr Kind auf eigenen Beinen stehen, wenn die Flügel des elterlichen „Helikopters“ bis nach Australien reichen? Fehler sind da, um sie zu machen und daraus zu lernen. Was das betrifft, ist ein Work & Travel-Aufenthalt abseits Ihrer Vormundschaft der Lehrmeister.

Wo die richtige Balance zwischen Fürsorge und Loslassen liegt, können wohl nur Sie selbst beantworten. Sehen Sie Work & Travel als Chance für Ihr Kind und auch sich selbst. Denn so wie der Nachwuchs mal eine Pause von Ihnen braucht, gilt das anders herum bestimmt auch.

Wenn Sie also mögen, können Sie das Buch bis zum Ende lesen, um einen Eindruck zu erhalten, was Ihr Kind in Australien erwartet. Ansonsten geben Sie den Wälzer nun einfach zurück.

3. Planen & Organisieren

Ready for take off am Airport Frankfurt/Main

3. Planen & Organisieren

Jedes größere Vorhaben startet mit einer To-do-Liste – Dinge, die zu erledigen sind, bevor das eigentliche Vorhaben angegangen werden kann. Ehe du in dein Abenteuer aufbrichst, hast du in der Heimat noch einige Dinge auf der Checkliste abzuhaken. Gerade der Papierkram ist zugegebenermaßen lästig, andere Erledigungen steigern die Vorfreude. Mit jedem Häkchen rückt das so ferne Australien ein großes Stück näher. Also packen wir es an!

3.1 Working Holiday Visum

Informiere dich über Voraussetzungen & Co.

Das Working Holiday Visum ist deine Eintrittskarte für Work & Travel. Es gibt zwei verschiedene Visakategorien, je nach Staatsangehörigkeit: Deutsche Teilnehmer beantragen das First Working Holiday Visa (Subclass 417), Österreicher das First Work and Holiday Visa (Subclass 462). Visa der Subclass 462 sind limitiert (für Österreich aktuell 200) und erfordern u. a. einen Nachweis der Englischkenntnisse und einen bestimmten Bildungsabschluss.

Quick Facts

- Kosten: 485 AUD (ca. 300 EUR), Stand August 2019
- Bewerbung muss außerhalb von Australien erfolgen
- Visum nur einmal im Leben erhältlich
- Online-Bewerbung und Ausstellung das ganze Jahr über möglich

Die australische Regierung ändert regelmäßig die Visabestimmungen. Aktuelle Regelungen sowie die detaillierten Bedingungen für österreichische Teilnehmer findest du auf der Seite der Einwanderungsbehörde.

LINK: Einwanderungsbehörde

- immi.homeaffairs.gov.au/visas/getting-a-visa/visa-listing

Good to know: Aktuelle Änderungen bei Antragstellung

Seit April 2019 ist es notwendig, bereits bei der Beantragung des Visums die geforderten finanziellen Nachweise von ca. 5000 AUD (siehe Voraussetzungen) sowie die Reserven für den Weiterflug bzw. ein Rückflugticket nachzuweisen. Ein Scan des Reisepasses ist ebenso hochzuladen. Zuvor waren beide Nachweise nicht erforderlich. Es mussten lediglich die Passdaten eingetragen sowie bestätigt werden, dass ausreichend Ersparnisse vorhanden sind. Die Einreisebehörde behält sich vor, weitere Dokumente einzufordern. Lädst du die geforderten Dateien nicht hoch, kann dies zu einer Verzögerung oder Ablehnung führen.

Voraussetzungen

- **Alter 18 bis 30 Jahre:** Die Bewerbung ist mit Erreichen der Volljährigkeit bis zum 31. Geburtstag möglich. Du kannst das Visum also nicht mit 17 Jahren beantragen, selbst wenn du bei Einreise volljährig wärst.

Urban Myths: Höchstalter 35 Jahre

Das Höchstalter von 35 Jahren gilt derzeit nur für kanadische, irische und französische Teilnehmer. Für alle anderen ist bei 30 Jahren weiterhin Schluss – entgegen aller Ankündigungen in letzter Zeit.

- **gültige Staatsangehörigkeit:** Das Visum wird nur an Staatsangehörige der Teilnehmerländer ausgestellt. Lebst du in Deutschland, hast aber eine andere Staatsangehörigkeit, kannst du dich nicht für das Visum bewerben.
- **ohne Begleitung abhängiger Kinder:** Junge Mütter und Väter können sich zwar für das Visum bewerben, dürfen ihre Kinder während der Reise jedoch nicht dabei haben.
- **finanzielle Rücklagen:** Die australische Regierung empfiehlt Ersparnisse von rund 5000 AUD (ca. 3100 EUR) plus Reserven für das Rück- oder Weiterflugticket. Diese musst du bereits bei Antragstellung in Form eines Kontoauszuges, Rückflugtickets etc. nachweisen.

Urban Myths: Nachweis bei Einreise?

Der Sicherheit und dem eigenen Stresslevel zuliebe solltest du deine Zugangsdaten fürs Onlinebanking oder einen möglichst aktuellen Bankkontoauszug bei Einreise dabei haben. Dieser muss nicht beglaubigt sein! Bis dato landete der Auszug zumeist ungeprüft in der Tonne, aber stichprobenhafte Nachfragen sind schon vorgekommen. Da du deine Ersparnisse seit April 2019 bereits beim Visumsantrag nachweisen musst, wird sich zeigen, ob diese bei Einreise nochmals geprüft werden oder nicht.

- **guter gesundheitlicher Zustand:** Leidest du an einer chronischen Erkrankung, hast du dich in einem Risikoland aufgehalten (z. B. mit hohem Tuberkuloserisiko) oder planst du, im medizinischen Bereich oder in der Betreuung zu arbeiten, ist ggf. eine Gesundheitsprüfung (Röntgenaufnahmen, Hepatitis-Test etc.) erforderlich. Die Kosten dafür trägst du. Die Untersuchung muss durch einen von der australischen Regierung berechtigten Arzt durchgeführt werden.
- **keine charakterlichen Einwände:** Etwaige Vorstrafen und kriminelle Delikte können sich negativ auf die Genehmigung des Visums auswirken. Unter Umständen musst du ein polizeiliches Führungszeugnis nachreichen.

TIPP: Vorsorge
Kannst du dir sicher sein, ein Gesundheitszeugnis einreichen zu müssen, beantrage das Visum möglichst frühzeitig. Die erforderlichen Ärztegänge sowie die Prüfung durch die Einwanderungsbehörde nehmen viel Zeit in Anspruch.

Bewerbung

Du beantragst das Visum am einfachsten über den offiziellen ImmiAccount auf der Website der australischen Einwanderungsbehörde. Der Zugang ist kostenfrei. Eine postalische oder persönliche Bewerbung bei der Australischen Botschaft sind nicht mehr möglich. Für die Antragstellung benötigst du deinen Reisepass sowie eine Kreditkarte bzw. ein PayPal-Account – und ggf. ein Englischwörterbuch.

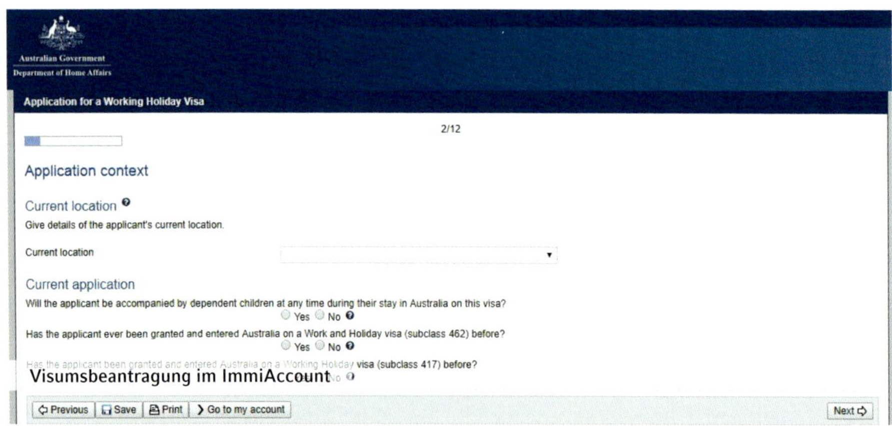

Visumsbeantragung im ImmiAccount

LINK: ImmiAccount
- online.immi.gov.au/lusc/login

Step by Step

- Klick auf „Create ImmiAccount“ und dann „Bestätigung der Registrierung“
- Login ImmiAccount
- Klick auf „New Application“, dann Auswahl des entsprechenden Visums
- Ausfüllen des Fragebogens

Nach Beantwortung aller Fragen, Hochladen der geforderten Dokumente (Reisepass, Bankkontoauszug etc.) und Abschicken der Bewerbung bezahlst du die Gebühr. Zudem erhältst du eine Transaction Reference Number (TRN). Speicher diese gut ab, da sie bei Nachfragen quasi deiner Kundennummer entspricht.

TIPP: Visum nicht beantragen lassen

Anbieter wie Visapath oder Visa Gate übernehmen die Bewerbung für dich, berechnen dafür aber zusätzlich zur Visumsgebühr eine recht hohe Bearbeitungsgebühr. Bedenke, dass du das Visum unkompliziert allein und ohne Zusatzkosten über den ImmiAccount beantragen kannst! Falls du Fragen nicht verstehst oder dir unsicher bist, kannst du auch in Foren oder Social Media nach Hilfe fragen.

Bearbeitung & Genehmigung

Auf der Website der Einwanderungsbehörde kannst du die aktuelle Bearbeitungszeit einsehen. Mitunter beträgt diese mehrere Wochen. Erfahrungsgemäß wird die Mehrheit der Bewerbungen nach wenigen Tagen entschieden.

TIPP: Warten auf die Bestätigung

Viele Bewerber warten nervös auf einen positiven Bescheid, obwohl dieser längst vorliegt. Grund: Sie haben im ImmiAccount die E-Mail-Benachrichtigung nicht aktiviert. Logge dich also regelmäßig im ImmiAccount ein. Sobald der Status *finalised* lautet, findest du unter *view details* und *visa grant details* ein PDF, in dem die Genehmigung (oder Ablehnung) steht.

Ändern sich nach deiner Bewerbung oder Genehmigung persönliche Daten bzw. haben sich Fehler eingeschlichen (Reisepassverlust, Zweitnamen vergessen), kannst und solltest du deine Angaben direkt im ImmiAccount (ggf. postalisch) aktualisieren. Sonst kann dir am Flughafen die Einreise verweigert werden.

Visabestimmungen

Ab dem Tag der Genehmigung hast du ein Jahr Zeit, einzureisen. Nimmst du das Visum nicht in Anspruch bzw. reist du nicht rechtzeitig nach Australien ein, verfällt es. Stornierst du das Visum vor Reiseantritt, kannst du dich unter Umständen später nochmals bewerben.

- **Aufenthaltsdauer:** Ab dem Tag der Einreise ist das Visum zwölf Monate gültig. Innerhalb des Jahres kannst du beliebig oft aus- und wieder einreisen. Die Gültigkeitsdauer des Visums verlängert sich dadurch nicht. Urlaub auf Fidschi gefällig?
- **Arbeitserlaubnis:** Du kannst jedem Job nachgehen, allerdings für höchstens sechs Monate beim selben Arbeitgeber. Ausnahmen sind Tätigkeiten in verschiedenen Zweigstellen derselben Firma sowie Jobs im nördlichen Australien im Bereich Alten- und Behindertenpflege, Forstwirtschaft, Fischerei-, Bau- und Minengewerbe, Tourismus und Gastronomie. Ebenfalls länger als ein halbes Jahr für einen Arbeitgeber darfst du landesweit in der Land- und Viehwirtschaft und als Au-pair arbeiten.
- **Studieren:** Für eine Dauer von vier Monaten bzw. 17 Wochen kannst du an einem australischen Bildungsinstitut Kurse belegen. Darunter fallen auch Sprachkurse.
- **Verlängerung:** Sofern du 88 Tage in bestimmten Branchen in ländlichen Regionen gearbeitet hast, kannst du ein Second Working Holiday Visa beantragen. Nach weiteren sechs Monaten bzw. 179 Tagen bestimmter Arbeit im zweiten Work & Travel-Jahr ist sogar ein drittes Visum für dich drin (siehe Seite 208).

Good to know: Visa Entitlement Verification Online System (VEVO)

Im VEVO-Portal kannst du die Bestimmungen deines Visums nachlesen und bei Bedarf vorzeigen.

- Online: online.immi.gov.au/evo/firstParty?actionType=query
- App: myVEVO – Department of Home Affairs

3.2 Flug

Mit dem Visum in der Tasche trennen dich noch knapp 14.000 Kilometer von Australien. Die lassen sich – zumindest in überschaubarer Zeit – nur mit dem Flugzeug zurücklegen. Da für den Flug ein erheblicher Teil deines Budgets draufgeht, informiere dich frühzeitig über Angebote und Preise.

TIPP: Erst Visum beantragen, dann Flug buchen

Hast du den Flug bereits gebucht, aber das Visum nicht rechtzeitig erhalten, bleibt dir nur die Umbuchung bzw. Stornierung. Als Tourist kannst du nicht einreisen, da mit der nötigen Beantragung des Touristenvisums deine Bewerbung für das Working Holiday Visum verfällt – zumal du dich zum Zeitpunkt der Genehmigung außerhalb Australiens aufhalten musst.

Mit dem Flieger geht's einmal um den Globus.

Buchungszeitpunkt & Kosten

Im Durchschnitt zahlst du für einen Hin- und Rückflug 1000 bis 1500 EUR. Flüge mit den renommierten Fluggesellschaften Emirates, Etihad Airways, Cathay Pacific oder Singapore Airlines gehören zu den teuersten Verbindungen. Qualität hat auch über den Wolken ihren Preis.

Möchtest du besonders preisgünstig fliegen, checke bei einem Low-Cost-Carrier wie Scoot ein. Oft erhöht sich der verlockende „ab-Preis" jedoch durch Aufschläge für Getränke, Essen oder Gepäck. Andere Airlines wie Air China sind aufgrund langer Flugzeiten von über 30 Stunden günstiger. Hast du deinem Budget zuliebe mit Abstrichen beim Komfort oder der Flugzeit kein Problem – *go for it*!

Ein Hin- und Rückflug unter 1000 EUR ist ein Schnäppchen. Last-minute-Preisknüller gibt es bei Langstreckenflügen nicht wirklich. Je früher, desto günstiger – buchst du acht bis sechs Monate im Voraus, schonst du deine Reisekasse, ansonsten spätestens zwei bis drei Monate vor Abreise.

TIPP: Günstige Flugbuchung

- Jugend- und Studententarife anfragen
- in der Nebensaison fliegen (April bis Juni)
- nicht am Wochenende fliegen
- Teilstrecken einzeln buchen (v. a. bei One-Way-Tickets)
- über China fliegen (mit China Airlines, China Eastern Airlines, Air China)
- Flüge von europäischen Flughäfen vergleichen (u. a. London, Amsterdam)
- Specials der Airline bzw. der Flugportale im Auge behalten

Ticketarten

Du fragst dich, wie du dich schon vor Abreise auf ein Rückreisedatum festlegen kannst, wenn du womöglich noch gar nicht weißt, wann dein Work & Travel endet? So variabel die Dauer des Visums ist, so flexibel sollte möglichst auch dein Flug sein.

Auf den ersten Blick ist das One-Way-Ticket die beste Option, da du zunächst nur den Flug für die Hinreise buchst. Um deine Rückreise kümmerst du dich, wenn das Ende deines Aufenthaltes naht – ob in wenigen Monaten oder erst nach zwei Jahren. Allerdings sind One-Way-Tickets im Vergleich zu kombinierten Hin- und Rückflügen meist teurer. Zudem musst du darauf achten, am Ende deiner Reise genug Geld für deinen Rückflug zu haben.

Urban Myths: Keine Einreise mit One-Way-Ticket möglich?
Entgegen weit verbreiteter Aussagen kannst du mit einem One-Way-Ticket einreisen. Allerdings ist es wahrscheinlicher, dass du am Flughafen deine Ersparnisse nachweisen musst (siehe Seite 37).

Eine gute Alternative sind Open- bzw. Flex-Return-Tickets. Sie beinhalten die Hin- und Rückreise, allerdings ist das Datum des Rückfluges offen bzw. kostenlos umbuchbar. Für den „Luxus" der Flexibilität zahlst du etwas mehr, hast aber deinen Rückflug bereits sicher. Die Tickets haben meist eine Altershöchstgrenze von 25 bis 35 Jahren und werden nicht von jeder Airline angeboten.

TIPP: Around-the-World-Ticket
Möchtest du neben Australien noch viele andere Länder bzw. Kontinente auf deiner *bucket list* abstreichen, fliegst du mit dem Around-the-World-Ticket günstiger um den Globus, als wenn du jede Strecke einzeln buchst. Je mehr Stopps, desto höher der Preis (ab 1900 EUR).

Etihad zählt zu den renommierten Airlines.

Zwischenstopps

Stopover verkürzen nicht nur die Flugzeit, sondern sind auch ein tolle Möglichkeit, einen weiteren Kulturkreis zu erleben. Dies sind i. d. R. die Drehkreuze der jeweiligen Airline, z. B. Hongkong für Cathay Pacific oder Dubai für Emirates. Du kannst sie kostenlos oder günstig hinzu buchen. Besonders beliebt sind Stopover in Asien. So erkunden viele Backpacker nach ihrem Australienaufenthalt für mehrere Tage, Wochen oder gar Monate Thailand, Vietnam & Co.

Flugportale

Machst du Work & Travel mit einer Organisation (siehe Seite 21), kannst du zwischen mehreren Airlines mit festen Routen und Startdaten wählen. Planst du das Abenteuer im Alleingang, gib einfach „Work & Travel Flug“ in die Online-Suchmaschine ein und schon wirst du fündig. Aufgrund der hohen Nachfrage gibt es zahlreiche Anbieter, die gezielt Flugpakete für Work & Traveller anbieten (siehe Anhang, Seite 222).

Good to know: Mindestflugdauer

Der Flug von Deutschland nach Australien dauert i. d. R. zwischen 19 bis 24 Stunden inklusive 2 bis 3 Stunden Zwischenaufenthalt.

3.3 Versicherungen

Versicherungen sind zugegebenermaßen ein ziemlich ödes Thema, doch gerade bei einem längeren Auslandsaufenthalt sind einige davon wirkliche Must-haves, während für andere eher *nice to have* gilt:

- Auslandskrankenversicherung
- Haftpflichtversicherung
- Unfallversicherung
- Gepäckversicherung
- Reiserücktritt- bzw. Reiseabbruchversicherung

Auslandskrankenversicherung

Die gesetzliche Krankenversicherung versichert dich nur im europäischen Ausland. Eine reguläre Reisekrankenversicherung gilt zwar für ein Jahr, ist aber i. d. R. nur für Reisen von maximal sechs Wochen Dauer gültig. Da Australien weder in Europa liegt und du wohl länger als eineinhalb Monate unterwegs bist, ist eine Langzeitreiseversicherung ein absolutes Must-have! Bist du privat versichert, informiere dich bei deiner Versicherung über Leistungsansprüche bei Work & Travel.

Wer meint, in Australien nicht krank zu werden, und in Erwägung zieht, keine Krankenversicherung abzuschließen, ist leichtsinnig. Ein Hoch auf die Gesundheit, wenn du nie eine australische Arztpraxis betrittst. Aber der Schmerz ist umso größer, wenn deine Ersparnisse für einen Rettungswagen draufgehen. Dieser kostet in Australien nämlich bis zu 1800 AUD (ca. 1150 EUR)!

Oft unterscheidet sich der Versicherungsschutz der Anbieter (siehe Anhang, Seite 222) nur im Kleingedruckten. Zu den Standardleistungen zählen ambulante und stationäre Behandlungen, ärztlich verordnete Medikamente oder notwendige Operationen. Vorerkrankungen, Impfungen oder Vorsorgeuntersuchungen sind i. d. R. nicht versichert. Hier heißt es vergleichen und bedenken, dass die günstigste Versicherung nicht zwangsläufig auch die beste für deine Gesundheit ist:

- Gestattet die Versicherung Arbeiten im Ausland?
- Ist eine Verlängerung der Versicherung aus dem Ausland möglich?
- Gibt es eine Obergrenze für Behandlungskosten?
- Ist pro Schadensfall ein Selbstbehalt zu zahlen?
- Sind Zahnbehandlungen eingeschlossen?
- Sind Reisen in die USA/Kanada im Tarif berücksichtigt bzw. optional zubuchbar?
- Wird der Krankenrücktransport aus „medizinisch notwendigen“ oder ebenso aus „medizinisch sinnvollen“ Gründen gewährt?
- Wie erfolgt die Abrechnung der Behandlungskosten?

Je nach Tarif und Leistungsumfang liegen die Beitragskosten für ein Jahr im Schnitt zwischen 300 bis 800 EUR. Die Versicherung muss vor Abreise abgeschlossen werden. Zudem sollte sie den gesamten Auslandsaufenthalt abdecken. Selbst wenn du planst, nur einige Monate in Australien zu verbringen, schließe sie vorsorglich für ein volles Jahr ab. Bei vorzeitiger Rückkehr werden zu viel bezahlte Beiträge meist kostenfrei rückerstattet. Mitunter ist eine Verlängerung auch vor Ort möglich, aber mal ehrlich – wer denkt da schon dran?

TIPP: Kombipakete

Viele Versicherer bieten eine Kombination aus Reisehaftpflicht-, Gepäck- und Unfallversicherung als Ergänzungsschutz zur Auslandskrankenversicherung an. Die Kosten dafür liegen je nach Tarif, Selbstbehalt etc. zwischen 120 und 220 EUR pro Jahr.

Haftpflichtversicherung

Eine Haftpflichtversicherung ist nicht zwingend, aber ebenso empfehlenswert. Sie kommt für von dir verursachte Personen-, Sach- oder Vermögensschäden auf. Hast du gerade erst die Schule abgeschlossen bzw. wohnst noch zu Hause, bist du meist über deine Eltern haftpflichtversichert. Hast du bereits eine eigene Haftpflichtversicherung, erkundige dich, ob und unter welchen Bedingungen die Versicherung im Ausland greift. Oft beinhaltet sie weltweiten Schutz.

Unfallversicherung

Eine Unfallversicherung schützt dich vor den Folgen nach einem Unfall, z. B. beim Sport. Der Abschluss dieser Versicherung ist nur ratsam, sofern sie keine Extremsportarten ausschließt. Auch hier gilt: Hast du bereits hierzulande eine Unfallversicherung abgeschlossen, gilt diese wahrscheinlich auch im Ausland. Andernfalls fällt sie eher in die Kategorie *nice to have.*

Good to know: Versichert beim Jobben

Im Job bist du i. d. R. über deinen Arbeitgeber versichert.

Gepäckversicherung

Eine Gepäckversicherung kommt bei Verlust, Diebstahl oder Beschädigung deines Gepäcks auf – und ist eine der wenigen Versicherungen, von denen abgeraten wird. Oft sind die wirklich wertvollen Gepäckstücke wie Kameraequipment nicht oder nur gegen Aufpreis versichert. Auch Bargeld oder Kreditkarten sind nicht inkludiert. Lässt du dein Gepäck zudem nur für den Bruchteil einer Sekunde aus den Augen, besteht oftmals kein Anspruch auf Entschädigung.

Reiserücktritt- bzw. Reiseabbruchversicherung

Falls du deine Reise nicht antreten kannst oder vorzeitig abbrechen musst, haftet eine Reiserücktritt- bzw. Reiseabbruchversicherung für entstandene Reisekosten. Die Versicherungsprämie beträgt rund drei Prozent des Reisepreises. Allerdings buchst du Touren, Unterkünfte etc. erfahrungsgemäß recht spontan vor Ort bzw. kannst langfristige Buchungen oft ohne Versicherung stornieren bzw. umbuchen. Mitunter sind die Gebühren dafür günstiger als die Prämie für die Versicherung.

TIPP: Heimische Versicherungen

Denke auch an weitere Versicherungen wie Hausrat-, Renten- oder Lebensversicherung. Einige können ggf. gekündigt, andere pausiert werden, um Beitragszahlungen zu verringern, aber keine Leistungsansprüche zu verlieren.

3.4 Startkapital/Ersparnisse

Was das Startkapital für Work & Travel betrifft, sind die unterschiedlichsten Beträge im Umlauf. Einige Backpacker kommen auf gerade mal 500 EUR, andere empfehlen ein Minimum von 3500 EUR und einige wenige brechen mit fünfstelligen Beträgen nach Australien auf. Nichts hat mich damals vor der Abreise so sehr verunsichert wie die abweichenden Angaben zu den Ersparnissen. Einzige offizielle Richtlinie ist die Empfehlung der australischen Regierung i. H. v. 5000 AUD (siehe Seite 37).

Good to know: Geld für den Start
Die besagten 5000 AUD (ca. 3100 EUR) sind vor allem das nötige Polster für die ersten Wochen und weniger für den gesamten Trip. Rechne pro Monat mit Ausgaben über 1000 AUD, siehe Seite 200.

Ebbe auf dem Konto
Zwar wird seit April 2019 bereits beim Visumsantrag ein Nachweis der Ersparnisse gefordert, aber ob diese bei Einreise nochmals geprüft werden, wird sich zeigen. Bisher wurden sie in den seltensten Fällen kontrolliert. So könntest du die nötige Summe von rund 5000 AUD zum Zeitpunkt der Bewerbung/Einreise kurz bei den Eltern oder woanders schnorren und sie nach Bewilligung/Ankunft in Australien sofort wieder zurücküberweisen. Die Motivation zum Sparen verpufft.

Der Bridge Climb in Sydney ist ein teures Highlight.

Was übrig bleibt, ist ein Kontostand weit unter den empfohlenen 5000 AUD und die erklärte Absicht, sofort nach Ankunft arbeiten zu gehen. Mit der richtigen Einstellung und dem Quäntchen Glück bei der Jobsuche kannst du Work & Travel auch mit anfänglich wenigen Hundert Euro in der Tasche durchziehen – allen Kritikern zum Trotz!

ABER …
Mit nur wenig Startkapital gehst du das Risiko ein, auf dem Trockenen zu sitzen – gerade zu Beginn, wenn das Geld schneller vom Konto abgeht, als dir lieb ist. Der Druck nimmt zu, wenn du die hohen Preise im Supermarkt siehst, im

Hostel die nächste Miete ansteht und du nach drei Wochen noch immer keinen (bzw. keinen gut bezahlten) Job gefunden hast. Wer finanziell blauäugig nach Australien fliegt und merkt, dass seine bescheidenen Ersparnisse „vorne und hinten" nicht reichen, darf sich nicht wundern, wenn Work & Travel womöglich ein frühes Ende nimmt. Australien ist ein einmaliges, aber eben auch teures Vergnügen.

Australien ist kein günstiges Reiseland.

Je mehr, desto besser

Natürlich ist es gerade für Schulabgänger schwierig, einen Kontostand jenseits der 3000 EUR zu erreichen. Doch wenn du in Australien entspannt herumreisen und nicht verzweifelt jeden x-beliebigen Job annehmen möchtest, solltest du die Empfehlung der australischen Einwanderungsbehörde verinnerlichen.

TIPP: Work & Travel-Finanzierung vor Abflug

- anstehende Ausgaben im Blick haben (mit Ziel spart es sich leichter)
- Nebenjobs annehmen
- Kosten vor Abreise reduzieren, z. B. Abos kündigen, weniger shoppen und Essen gehen
- entrümpeln und verkaufen (Klamotten, Möbel etc.)
- Weihnachts- und Geburtstagsgeschenke nutzen (entweder Geld oder Ausstattung wie Rucksack)
- wieder bei den Eltern einziehen
- Crowdfunding, Kooperationen

Mehr Travel, weniger Work

Je mehr Ersparnisse, desto weniger Arbeit – ganz einfach. Was nützt dir das viele Arbeiten, wenn du genug Geld angespart, aber keine Zeit mehr hast, dieses auch für Sightseeing, Touren etc. auszugeben? Womöglich stehen teure Erlebnisse wie der Fallschirmsprung an der Ostküste, ein Hubschrauberflug über das Great Barrier Reef oder der Sydney Harbour Bridge Climb auf deiner To-do-Liste. Ersparnisse lassen diese Träume schneller wahr werden. Welche Kosten in Australien auf dich zukommen und wie du Geld sparen kannst, erfährst du im Kapitel 11, siehe Seite 198.

3.5 Dokumente

Reisepass

Für Work & Travel benötigst du einen gültigen Reisepass. Dieser sollte bei Einreise mindestens sechs Monate, bestenfalls für die gesamte Reisedauer gültig sein. Hast du noch keinen Reisepass, kümmere dich frühzeitig darum. Die Ausstellung dauert drei bis sechs Wochen, zu Hauptreisezeiten deutlich länger. Erst mit dem Reisepass kannst du das Visum beantragen, erst mit Visum solltest du den Flug buchen usw.

Läuft dein Reisepass nach der Genehmigung des Visums ab oder geht verloren, musst du deine Passdaten im ImmiAccount aktualisieren und ggf. bei der Deutschen Botschaft vor Ort einen neuen beantragen, siehe Seite 191.

Kreditkarte

Die Kreditkartenakzeptanz in Australien ist deutlich höher als hierzulande. Selbst die kleinsten Beträge lassen sich mit Visa oder Mastercard bezahlen. Weder Bargeld noch Reiseschecks sind zeitgemäß, vor allem nicht für die Reservierung von Unterkunft, Transport und Touren.

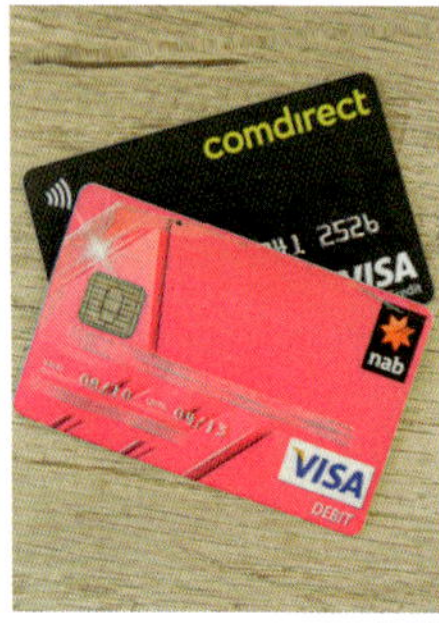

Eine heimische Kreditkarte ist nicht zwingend erforderlich, aber sehr praktisch. Was nützt dir deine australische Bankkarte, wenn in den ersten Tagen nach Ankunft oder nach ausgiebigem Reisen Ebbe auf deinem Australien-Konto herrscht (siehe Seite 85)? Deine Ersparnisse liegen auf einem Konto in der Heimat – sofern du diese nicht nach Australien überwiesen hast, siehe Seite 86.

> **Good to know: Deutsche Bankkarte**
> Girocards mit V-Pay-Logo können aufgrund eines anderen Chipsystems nicht in Australien genutzt werden. Karten mit Maestro-Logo sind weltweit gültig, allerdings fällt für den Auslandseinsatz eine hohe Gebühr an. Oftmals sind sie mit einer Abhebesperre hinterlegt.

Kriterien für eine passende Work & Travel-Kreditkarte

- Ist die Kreditkarte beitragsfrei?
- Fallen Gebühren für die Bargeldabhebung an?
- Wie hoch sind die Gebühren für die Bezahlung im Geschäft?
- Wird das Guthaben auf der Kreditkarte verzinst?

- Ist ein regelmäßiger Geldeingang auf dem Kreditkartenkonto erforderlich?
- Wie hoch ist der wöchentliche/monatliche Verfügungsrahmen?

Die eierlegende Wollmilchsau unter den Kreditkarten ist wohl nur schwer zu finden. Allerdings gibt es einige Anbieter, die sich unter Backpackern herumgesprochen haben, weil sie entweder günstig oder beitragsfrei sind, keinen Mindesteingang erfordern oder Abhebungen kostenlos sind. Du findest sie im Anhang aufgelistet (siehe Seite 222).

Urban Myths: Kostenlose Abhebung unter Vorbehalt

Auch wenn die heimischen Bankinstitute mit einer kostenlosen Geldabhebung im Ausland werben, entspricht das nicht immer ganz der Wahrheit. Zwar berechnet die Hausbank keine Gebühr, aber mitunter die australische Bank (2 bis 3,50 AUD, unabhängig vom Betrag).

Falls du aufgrund fehlender Bonität keine Kreditkarte ausgestellt bekommst oder haben möchtest, kannst du alternativ beispielsweise über deine Eltern eine Partnerkreditkarte beantragen.

Internationaler Führerschein

Um in Australien Autofahren zu dürfen, benötigst du neben deinem EU-Führerschein einen Internationalen Führerschein. Dieser übersetzt die Angaben ins Englische und gilt nur in Kombination mit dem originalen Führerschein. Letzterer muss also ebenfalls ins Gepäck! Der Internationale Führerschein wird bei den Bürger- bzw. Kfz-Ämtern sofort ausgestellt.

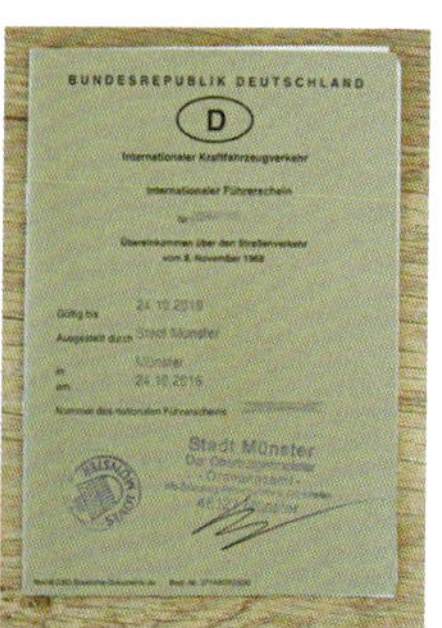

Good to know: Uneingeschränkt gültig

Fürs Autofahren in Australien ist kein separater Test o. Ä. erforderlich. Wer 18 Jahre alt ist und einen Führerschein hat, darf hinters Steuer. Aber Vorsicht: Durch den Linksverkehr, lange Distanzen und umher hüpfende Kängurus müssen gerade ungeübte Fahrer sehr aufmerksam sein.

Internationaler Studentenausweis

Bist du eingeschriebener Student oder Schüler, kann die Beantragung der ISIC-Card (International Student Identity Card) einiges an Geld sparen. Der weltweit anerkannte Studentenausweis bietet zahlreiche Rabatte, z. B. auf Bus- und Bahntickets, auch wenn es sich dabei meist nur um kleine Beträge handelt. Aber Kleinvieh macht bekanntlich auch Mist, selbst wenn es nur die gratis Pommes zum Burger sind.

Internationaler Jugendherbergsausweis

Dem weltweiten Hostelling International-Verband sind nicht nur das Deutsche Jugendherbergswerk, sondern auch die YHA Hostels in Australien (über 70 Hostels landesweit) angeschlossen. Früher erhielten Verbandsmitglieder Rabatte auf die Übernachtung, sodass ein Internationaler Jugendherbergsausweis empfehlenswert war.

Mittlerweile wird jeder Gast eines YHA-Hostels automatisch und kostenfrei Mitglied im Hostelling International-Verband. Da der Internationale Jugendherbergsausweis für keine andere Hostelkette in Australien gilt, brauchst du diesen nicht mehr wirklich – höchstens für zusätzliche Rabatte auf Touren oder Shopping.

Dokumentenliste

Mache von allen wichtigen Dokumenten wie Reisepass, Flugticket, Visum und Kreditkarte Scans und speichere sie auf einem USB-Stick, im E-Mail-Postfach bzw. in einer Cloud ab. So kannst du bei Bedarf (z. B. Verlust) schnell auf die Daten zurückgreifen. Ob du zusätzlich noch eine Kopie ins Gepäck legst, ist dir überlassen.

Erstelle auch für deine Kontaktperson zu Hause eine Dokumentenliste, digital oder als Ausdruck. So haben sie im Notfall alle nötigen Unterlagen zur Hand:

- Ausweiskopien (Reisepass, Führerschein)
- Visumsbescheid
- Flugdaten (e-Ticket-Nummer, Reisedaten, Nummer des Reiseveranstalters)
- Bankdaten (Konto- und Kartennummern, Notfallnummer bei Verlust)
- Versicherungspolicen und Notfallnummer
- ggf. Kontaktdaten der Organisation

3.6 Ämtergänge & Papierkram

Bevor du die ersten Schritte auf australischem Boden gehst, musst du noch einige Formalitäten und Behördengänge erledigen. Schließlich verschwindest du für eine ganze Weile von der heimischen Bildfläche.

TIPP: Teilnahmebestätigung

Reist du mit einer Organisation (siehe Seite 21), lass dir eine Teilnahmebestätigung ausstellen. Dabei handelt es sich zwar um kein rechtskräftiges Dokument, doch könnte ein „offiziell" aussehendes Schreiben für manche Behördengänge durchaus hilfreich sein.

Job & Agentur für Arbeit

Bist du vor deiner Abreise berufstätig, reiche rechtzeitig deine Kündigung ein und berücksichtige die Kündigungsfrist. Letztere kann dem „spontan geplanten" Work & Travel durchaus in die Quere kommen. Möchtest du nach der Auszeit wieder in der gleichen Firma arbeiten, ist mitunter ein unbezahlter Urlaub (Sabbatical) möglich. Frage deinen Chef.

Lass dich zu deinen Ansprüchen beraten.

Ist die Kündigung eingereicht, führt dein Weg in die Agentur für Arbeit. Deine persönliche Arbeitslosmeldung muss spätestens am ersten Tag ohne Beschäftigung erfolgen – egal, wie kurz der Zeitraum zwischen Beendigung deines Jobs und Flug auch sein mag. Eine Verpflichtung, die Arbeitsagentur für Arbeit zu informieren, besteht nicht, doch nur so sicherst du deinen Anspruch auf Arbeitslosengeld. Dieser besteht prinzipiell, falls du in den letzten zwei Jahren mindestens zwölf Monate in einem versicherungspflichtigen Arbeitsverhältnis warst. Ob und in welcher Höhe du Anspruch auf Arbeitslosengeld hast, klärst du am besten in einem persönlichen Gespräch.

Arbeitslosengeld wird übrigens nicht während des Work & Travel ausgezahlt. Vielmehr wird der Status der Arbeitslosigkeit durch einen Auslandsaufenthalt unterbrochen; nach der Rückkehr erfolgt ggf. die Weiterzahlung der Bezüge.

LINK: Bundesagentur für Arbeit
- arbeitsagentur.de

Wohnung

Wohnst du noch bei deinen Eltern, kannst du dieses To-do von der Checkliste streichen. Andernfalls heißt es, die eigene Wohnung sowie damit verbundene Verträge (Strom, Internet, Hausratversicherung) rechtzeitig zu kündigen sowie dein Hab und Gut unterzubringen bzw. zu verkaufen – eine super Möglichkeit, deine Reisekasse noch ein wenig aufzubessern. Falls dein Australienaufenthalt nur wenige Monate dauern soll, kommt womöglich eine Untervermietung der Wohnung in Betracht.

Abmeldung

Zum Thema Abmeldung kursieren die widersprüchlichsten Angaben. Laut dem Bundesmeldegesetz ist eine Abmeldung erforderlich, sobald man aus einer Wohnung auszieht und keine neue Wohnung im Inland bezieht. Wer sich nicht abmeldet, handelt ordnungswidrig. Einzelne Behörden wiederum verweisen darauf, dass befristete Auslandsaufenthalte, z. B. zu Studienzwecken, keine Abmeldung erfordern.

Viele Backpacker dürften sich wohl nicht abgemeldet und keinerlei Konsequenzen gefürchtet haben. Allerdings verlangen einige Anbieter für die Vertragskündigung einen Abmeldebescheid (siehe Seite 54). Informiere dich dazu im Bürgeramt deines Wohnortes. Eine Ab- und erneute Anmeldung nach Rückkehr ist kostenfrei.

Krankenkasse

Da in Australien die Versicherungsleistungen der gesetzlichen Krankenkasse nicht greifen, kannst du deine Mitgliedschaft aussetzen. Die Krankenkassen verlangen dafür einen Nachweis, dass ein anderweitiger, gleichwertiger Versicherungsschutz besteht – in diesem Fall deine private Auslandskrankenversicherung (siehe Seite 43). Mitunter sind weitere Belege wie die Abmeldebescheinigung nötig.

Gegen Gebühr kannst du freiwillig in deiner Krankenkasse bleiben. Eine solche Anwartschaftsversicherung lohnt sich nur, falls du weiterhin Beiträge in die Pflegeversicherung einzahlen möchtest oder bei privaten Krankenversicherungen, da sie einen Wiedereinstieg zu gleichen Konditionen garantiert. Infolge der geltenden Krankenversicherungspflicht hast du nach Rückkehr das Anrecht, von deiner bisherigen Krankenkasse wieder aufgenommen zu werden.

Mit der Familienkasse klärst du deinen Kindergeldanspruch.

Egal, ob privat oder gesetzlich versichert: Erkundige dich vor Abreise bei deiner Krankenkasse, unter welchen Bedingungen deine Abmeldung und der Wiedereintritt möglich sind. Warst du bisher familienversichert oder zahlst als eingeschriebener Student Beiträge an die Krankenversicherung, hole ebenfalls weitere Infos ein.

Kindergeld

Während eines Work & Travel-Aufenthaltes verfällt i. d. R. der Anspruch auf Kindergeld, das für Kinder bis 18 bzw. 25 Jahre gezahlt wird. Auch wenn ein solcher Auslandstrip einen hohen Lerneffekt hat, handelt es sich nicht um eine Erstausbildung im „klassischen Sinne“. Zudem hast du die Möglichkeit, arbeiten zu gehen und damit eigenes Geld zu verdienen.

Nur unter bestimmten Voraussetzungen besteht weiterhin ein Anspruch, beispielsweise bei Auslandsreisen während einer

Übergangszeit von bis zu vier Monaten zwischen zwei Ausbildungsabschnitten oder im Fall einer Wartezeit bei der Suche nach einem Aus- oder Studienplatz. Genauere Umstände sind mit der Familienkasse zu klären.

LINK: Familienkasse

- arbeitsagentur.de/familie-und-kinder

Urban Myths: Kindergeld trotz Work & Travel

Einige Backpacker bzw. deren Eltern beziehen weiterhin Kindergeld, ohne die Voraussetzungen zu erfüllen. Womöglich wurde die Familienkasse nicht über den Auslandsaufenthalt informiert oder der Sachbearbeiter hat außerhalb der Norm entschieden. Bei unrechtmäßigem Bezug drohen hohe Nachzahlungen.

Bank

Falls noch nicht geschehen, stelle dein heimisches Konto auf Onlinebanking um, damit du auch in Australien problemlos Zugriff darauf hast. Zudem ist es ratsam, einem Angehörigen eine Kontovollmacht zu geben, damit dieser bei Bedarf Zugang zu deinem Konto hat.

Gesundheitscheck

Lass dich von deinen Ärzten (z. B. Zahnarzt, Frauenarzt) nochmals gründlich durchchecken. Auch mit einer Auslandskrankenversicherung gehört ein Arztbesuch Down Under nicht wirklich zu den Highlights. Beantrage zudem einen internationalen Impfausweis, falls du diesen noch nicht hast.

TIPP: Verschreibungspflichtige Medikamente

Erkundige dich beim Arzt, ob du diese ein ganzes Jahr im Voraus bekommst (z. B. auch die Pille).

Für Reisen nach Down Under gibt es keine Impfvorschriften. Möchtest du deine Standardimpfungen vervollständigen bzw. auffrischen, bedenke, dass einige mehrere Verabreichungen über längere Zeit erfordern. Planst du einen Stopover in Asien oder anderswo, informiere dich auch über die dort geltenden Impfvorgaben.

LINK: Reise- und Sicherheitshinweise

- auswaertiges-amt.de/de/ReiseUndSicherheit/reise-und-sicherheitshinweise

Verschreibungspflichtige Arzneimittel sind bei Ankunft zu deklarieren. Eine englischsprachige Bestätigung über die Einnahmenotwendigkeit des behandelnden Arztes ist erforderlich. Gängige Mittel wie Aspirin oder die Pille zählen nicht dazu. Nimmst du regelmäßig Medikamente ein, informiere dich bei deinem Arzt, ob und wo die gleichen Präparate in Australien erhältlich sind und welche Ersatzpräparate in Betracht kommen.

LINK: Bestimmungen der Australian Border Force

- abf.gov.au/entering-and-leaving-australia/can-you-bring-it-in/categories/medicines-and-substances

Verträge

Kündige alle Verträge, die du nicht mehr benötigst, um laufende Kosten zu sparen. Gehe am besten sämtliche Abbuchungen auf deinem Konto für ein Jahr durch, um einen Überblick zu bekommen:

- Mobilfunk- und DSL-Vertrag
- Bus- und Bahnverträge
- Rundfunkbeitrag
- Strom/Gas
- Zeitschriften-Abonnements o. Ä.
- Fitnessstudio-Mitgliedschaft o. Ä.

TIPP: Handyvertrag

Gerade der Mobilfunkvertrag bereitet vielen Work & Travellern Kummer. Ist eine vorzeitige Kündigung nicht möglich bzw. nicht gewünscht, frage nach der Option, den Vertrag für eine bestimmte Zeit ruhen zu lassen. Lass dir zudem keinen Auslandstarif andrehen. Mit einer australischen SIM-Karte telefonierst und surfst du günstiger (siehe Seite 83).

Kündige unnötige Verträge.

Gib bei einer außerordentlichen Kündigung aufgrund fester Vertragslaufzeiten unbedingt an, dass du für längere Zeit ins Ausland gehst und daher die Leistung nicht mehr in Anspruch nehmen kannst. Zumeist wird dieser Grund akzeptiert. Mitunter verlangen die Vertragspartner neben einer einmaligen Abschlagsgebühr einen Nachweis wie Flugticket, Visum oder Abmeldebestätigung.

3.7 Gepäck

Treuer Partner, dein *backpack*

Ich packe meinen Koffer und nehme mit … wohl eine der kniffligsten Angelegenheiten. Schließlich packst du nicht für eine Woche Strandurlaub, sondern für mehrere Monate hinein ins Blaue.

Rucksack oder Koffer?

Das Unheil des Packens startet bereits mit der heiß diskutierten Frage: Rucksack oder Koffer? Bei der Suche nach einer Antwort trifft Tradition auf Stilbruch. Ein Backpacker hat schließlich auch einen *backpack* zu tragen, oder?

Ein Rucksack hat entscheidende Vorteile: Er gibt deinen Händen Freiraum, lässt sich gut knautschen und bietet dank eingenähter Ösen und Schnallen unzählige Befestigungsmöglichkeiten. 50 bis 70 Liter sind die gängigen Größen, je nachdem, wie stämmig und willig dein Rücken ist. Lass dich vor Kauf auf jeden Fall von einem Fachmann beraten. Sind die Schulter- und Hüftgurte nicht richtig eingestellt, wird der treue Reisegefährte zur Belastungsprobe.

Backpacking mit einem Trolley bzw. einer Reisetasche mit Rollen mag vielleicht wenig stilsicher, doch deutlich rückenschonender und mitunter auch praktischer sein. In Australien reist du i. d. R. auf befestigten Wegen und nicht in engen Menschenmassen bzw. durch die Wildnis durchs Land, sodass du einen Trolley ohne Probleme rollen kannst.

Wie viel mitnehmen?

Beim Gewicht gilt, weniger ist mehr. Mit Leichtgepäck reist es sich nicht nur unbeschwerter, sondern auch billiger. Zwar haben viele internationale Airlines ein Gepäcklimit von 30 Kilogramm, aber auf den Inlandsflügen in Australien ist bei 20 Kilogramm oft Schluss. Auch wenn die Versuchung enorm ist, jeden noch so kleinen Freiraum im Gepäck zu füllen, beschränke dich auf rund 15 Kilogramm. Ehe du dich versiehst, verleihen dir an den Seiten baumelnde Schuhe, eingeklemmte Handtücher, der vorn getragene Tagesrucksack und Hände voller Beutel den für Backpacker so typischen Packesel-Look.

Was einpacken?

Die große Kunst des Backpacker-Packens ist, sich auf das Wesentliche zu beschränken und zugleich eine Auswahl mitzunehmen, die möglichst jede

Reisesituation abdeckt. Dazu zählen neben Socken, Shirts & Co. auch wärmere Kleidung sowie eine Regenjacke. Du magst es kaum glauben, aber in Australien scheint nicht permanent die Sonne.

TIPP: Nützliches im Gepäck

- gute/teure Klamotten lieber daheim lassen
- Funktionalität der Kleidung vor Schönheit stellen
- Steckdosenleiste/Verteiler, um mehrere Geräte gleichzeitig aufzuladen
- Dokumententasche für Unterbringung aller wichtigen Papiere
- Hänge-Kulturbeutel statt normaler Kulturtasche
- Tüten/Beutel für Ordnung im Gepäck (z. B. für Kabel, Unterwäsche)
- Kompressionsbeutel für mehr Platz im Gepäck
- Drogerieartikel (großer Vorrat) und Insektenschutzmittel erst in Australien kaufen
- Arbeitskleidung, Campingzubehör etc. erst bei Bedarf vor Ort kaufen

Das Packen mag eine Qual sein, doch du wirst mit deutlich weniger auskommen als gedacht. Einmal in Australien angekommen, kümmert es dich wenig, wenn das Shirt so gar nicht zum Stil der Hose passt. Und selbst falls du etwas vergisst oder benötigst, geht es zum Shopping, siehe Seite 185.

Dein ganzes Hab und Gut in einem Rucksack

Packliste

Dokumente

- Reisepass
- Visumsbescheid
- Kontoauszug über Ersparnisse
- Flugticket
- Versicherungspolice
- Impfpass
- Kreditkarte
- EU-Führerschein/Internationaler Führerschein
- Internationaler Studentenausweis
- Bewerbungsunterlagen/Passfotos
- Bargeld (50 bis 100 EUR)
- Adresse der ersten Unterkunft (muss bei Einreise angegeben werden)

Kleidung (grob für eine Woche)

- Unterwäsche
- Socken
- Tops/Shirts
- 1 bis 2 lange Hosen
- Shorts
- Rock/Kleid
- 1 dicker Pullover
- 2 dünne Pullis/Longsleeves
- Wind- bzw. Regenjacke
- Badekleidung
- Schlafzeug
- Leggins
- Sarong

Mikrofaserhandtücher sparen Platz im Gepäck.

Schuhe

- 1 Paar feste Schuhe
- 1 Paar Sommerschuhe
- Flipflops

Accessoires/Sonstiges

- Hut/Basecap
- Sonnenbrille
- Reiseapotheke/Erste-Hilfe-Set
- Ohrstöpsel
- Mikrofaserhandtücher
- kleiner Schlafsack/*travel sheet*

- Wäscheleine/Seil
- Stirnlampe
- Taschenmesser/Multitool
- Nagelset/Pinzette
- Nähset
- Vorhängeschloss (für Rucksack oder Spind im Hostel)
- Reisebesteck (oft in Hostel nicht oder wenig vorrätig)
- Tagesrucksack/Umhängetasche
- Geldgürtel/Bauchtasche
- Karabinerhaken
- Feuerzeug

Kosmetik/Hygiene

- Zahnbürste/Zahnpasta
- Shampoo/Duschgel (Reisegröße)
- Deo
- Sonnenschutzmittel (Reisegröße)
- Kamm/Bürste
- Rasierer
- Pille/Kondomc o. Ä.
- Reisewaschmittel

Technik

- Handy
- Kamera
- Netbook/Tablet/Laptop
- Aufladegeräte/Powerbank
- Adapter (Schuko-Adapter für besseren Halt)
- Steckdosenleiste

Was kann/sollte zu Hause bleiben:

- Fön/Glätteisen
- beste Klamotten
- große Flaschen Shampoo/Duschgel/Haarspray
- Schlüssel
- Bücher (E-Books sind besser!)

3.8 Kostenübersicht

Diese Kosten solltest du vor deiner Abreise für Work & Travel einplanen:

	Kosten
Working Holiday Visum	ca. 300 EUR (485 AUD)
Nachweis Ersparnisse	ca. 3100 EUR (5000 AUD)
Flug (Hin- und Rückflug)	Ø 1250 EUR
Auslandskrankenversicherung	Ø 550 EUR
Weitere Versicherungen (Haftpflicht-, Gepäck- und Unfallversicherung)	Ø 170 EUR
Reisepass	37,50 EUR/60 EUR
Internationaler Führerschein	Ø 16 EUR
Internationaler Studentenausweis	15 EUR
Gepäck und weitere Ausstattung (Handtücher, *travel sheet* etc.)	Ø 300 EUR
Gesamt	ca. 5800 EUR

3.9 Checkliste

Damit du alle Vorbereitungen im Blick hast, folgt auf der nächsten Seite eine Checkliste mit allen nötigen bzw. empfehlenswerten To-dos. Natürlich sind die Punkte kurzfristiger plan- und machbar! Wer etwas spontaner unterwegs ist, legt einfach einen Gang zu und geht im Sprint durch die Liste.

TIPP: Zeitpunkt der Visumsbewerbung

Du solltest deine Visumsbewerbung zwar frühestmöglich machen, allerdings ist diese seit den letzten Änderungen (siehe Seite 37) abhängig vom Vorhandensein deiner Ersparnisse. Sind deine Rücklagen zum Zeitpunkt der geplanten Bewerbung noch nicht hoch genug, musst du das Visum ggf. kurzfristiger beantragen. Einige Wochen vor Ausreise ist in der Regel ausreichend.

Wann	Was	Check
12 bis 9 Monate	Erste Gedanken machen • Bist du der Typ für Work & Travel? • Passt es zeitlich? • allein oder mit Freunden? • auf eigene Faust oder mit Orga? • genug Ersparnisse?	
8 bis 7 Monate	mit Recherche anfangen/Überblick verschaffen • Welche Voraussetzungen gelten? • Was muss alles erledigt werden? *Sparen!*	
6 bis 4 Monate	Reisepass erneuern/beantragen Visum beantragen Flug buchen über Australien informieren mit anderen Backpackern austauschen *Sparen!*	
3 bis 2 Monate	Auslandskrankenversicherung abschließen Krankenkasse informieren/kündigen Kreditkarte beantragen Arbeitsplatz kündigen/Jobagentur informieren Wohnung kündigen/untervermieten Verträge/Abos kündigen Impfungen checken/Arztgänge *Sparen!*	
1 Monat	Gepäck/Ausrüstung anschaffen Unterkunft für die ersten Tage buchen Internationalen Führerschein beantragen ISIC beantragen Bewerbungsunterlagen vorbereiten *Sparen!*	
wenige Tage vor Abreise	Dokumentenliste erstellen/Kopien abspeichern Packen Abschiedsparty	
	Abreise	

4. Australien – Eine Einführung

Eine der Top-Sehenswürdigkeiten - das Opera House in Sydney

4. Australien – Eine Einführung

Vor Beginn einer Reise hat wohl jeder von uns eine bestimmte Vorstellung, was den kommenden Trip betrifft. Wer denkt, Down Under herrscht das ganze Jahr über Sommer, wird bitter enttäuscht, wenn er im Juni in Melbourne bei stürmischen Wind im Regen steht. Auch die Snowy Mountains tragen ihren Namen nicht ohne Grund. Damit du nicht unwissend nach Down Under reist, hier ein wenig australische Länderkunde.

4.1 Land

Down Under, der Fünfte oder Rote Kontinent, OZ, Straya – Beinamen hat Australien viele. Ganz offiziell heißt es Commonwealth of Australia, mit der britischen Krone als Staatsoberhaupt. Nach Entdeckung der Ostküste durch Captain James Cook 1770 beanspruchte das englische Königreich Terra Australis für sich und richtete mit der Ankunft der ersten Flotte anno 1788 ihre Sträflingskolonie in Sydney ein. Mehr als zwei Jahrhunderte später gehört Australien zu den führenden Industrienationen. Nicht nur der Lebensstandard gehört zu den höchsten weltweit – auch die Einwohner zählen sich zu den glücklichsten.

- **Staatsform:** Konstitutionelle Monarchie
- **Hauptstadt:** Canberra, ACT
- **Einwohnerzahl:** ca. 25 Millionen
- **Größe:** 7,69 Millionen Quadratkilometer
- **Amtssprache:** Englisch
- **Währung:** Australischer Dollar
- **Wichtige Feiertage:** 26. Januar (Australia Day, Nationalfeiertag), 25. April (Anzac Day)
- **Zeitzonen:** Eastern Standard Time (+10 Std.), Central Standard Time (+9,5 Std.), Western Standard Time (+8 Std.)

Der Uluru im Herzen des Outback

Geografie

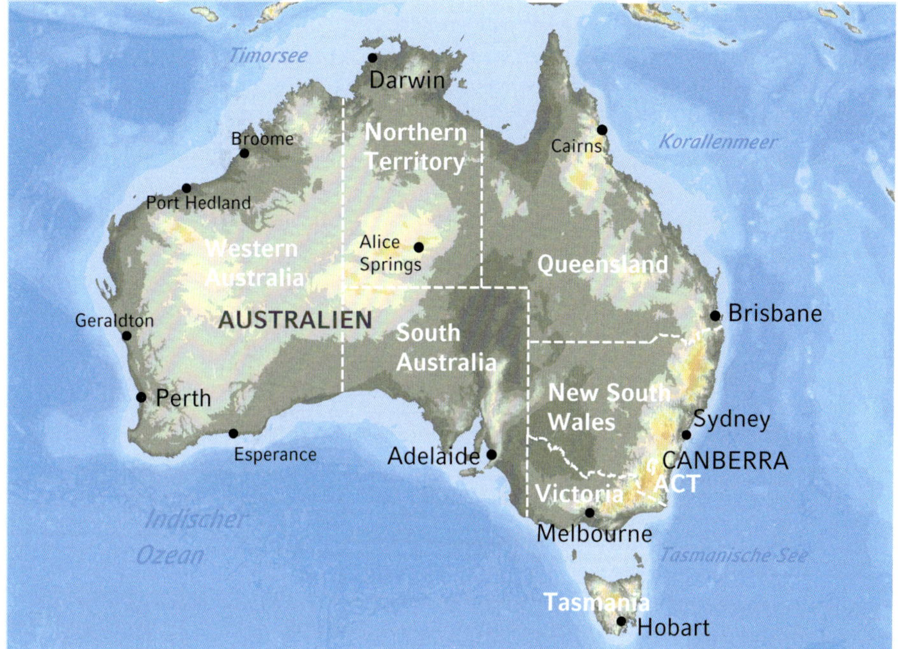

Die West-Ost-Ausdehnung beträgt knapp 4000 Kilometer, die Nord-Süd-Ausdehnung 3900 Kilometer. Das Land besteht aus sechs Bundesstaaten, zwei Territorien und tausenden Inseln wie Tasmania oder Christmas Island. Wahrscheinlich schaffst du es nicht, jedes Eiland zu bereisen, aber einmal quer durch Australien ist auf jeden Fall drin. Ob Ost- oder Westküste, Top End oder Tassi: Jeder Winkel hat andere Facetten. Konzentriere dich nicht nur auf eine Region, sondern sei auch abseits der Backpackerpfade unterwegs (siehe Seite 120).

Good to know: Spannende Facts

- Australien ist der kleinste Kontinent, aber die größte Insel.
- Australien ist das einzige Land, das zugleich Land und Kontinent ist.
- Australien ist der flachste und trockenste (bewohnte) Kontinent.
- Australien ist das sechstgrößte Land der Erde, knapp 21-mal größer als Deutschland.
- Das Festland umfasst 35.821 Kilometer Küstenlinie, inklusive der Inseln fast 60.000 Kilometer.
- Auf einen Quadratkilometer kommen im Schnitt nur drei Menschen.
- 90 Prozent der Bevölkerung lebt in den Städten entlang der Küste.

Klima

Der Süden des Landes ist gemäßigt, der Norden tropisch bzw. subtropisch. Im Inland sind Grasland und Wüste vorherrschend. Die Jahreszeiten sind unseren entgegengesetzt. Zwischen Dezember und Februar hält der Sommer Einzug, von Juni bis August wird es winterlich. Im Norden unterscheidet man in Trockenzeit (Mai bis Oktober) und Regenzeit (November bis April).

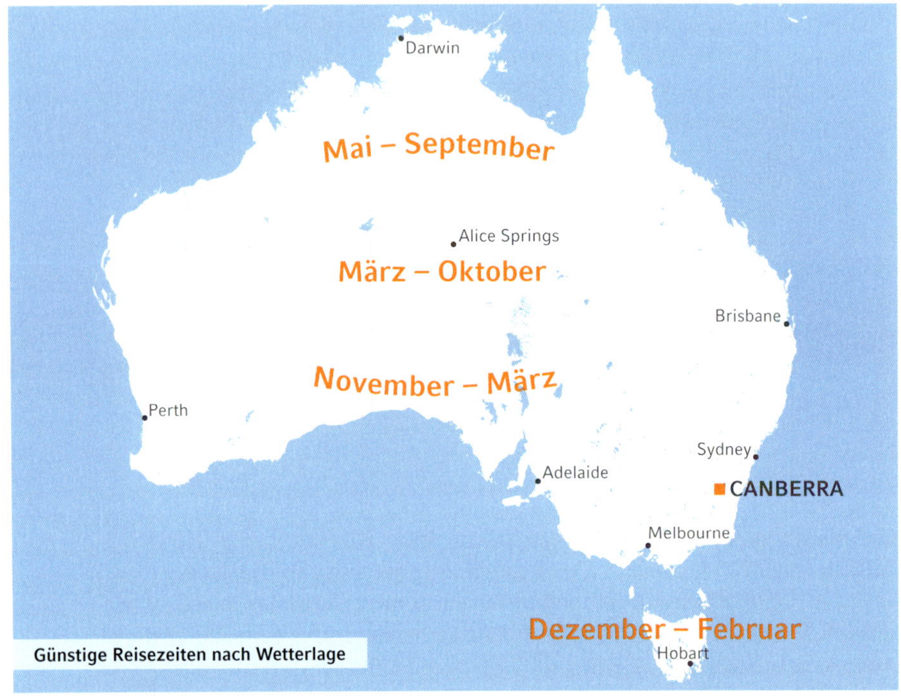

Günstige Reisezeiten nach Wetterlage

Australien ist ein Land der Wetterextreme. Temperaturen von über 40 Grad Celsius sind gerade im Inland keine Seltenheit, an den Küsten ist es mit rund 30 Grad meist milder. Der Winter gleicht unserem Herbst, wenngleich die nächtlichen Temperaturen im Süden und Zentrum in den Minusbereich absacken können. Der tropische Norden ist das ganze Jahr über sommerlich warm.

Mit Mutter Natur ist in Australien nicht immer zu spaßen:

- **Sonne:** Die Sonne Australiens knallt unerbittlich. Nirgendwo ist das Risiko, an Hautkrebs zu erkranken, höher als Down Under. Also „*Slip on a shirt, slop on the sunscreen and slap on a hat*“. Und vergiss das Trinken nicht, sonst kommt der Hitzschlag schneller als die Abkühlung.

- **Buschbrände:** Sie gehören zu den wiederkehrenden Gefahren. Besonders hoch ist das Risiko im Sommer. Vielerorts informieren *fire danger ratings* über das aktuelle Risiko. Bei einer *(total) fire ban* sind offene Feuer eingeschränkt bzw. verboten.
- **Überschwemmungen:** Anhaltender Starkregen und Zyklone führen in der *wet season* im Norden regelmäßig zu *flooding*. Straßen werden unpassierbar, Häuser laufen voll, Autos werden zu Booten. Mitunter kommt das öffentliche Leben tagelang zum Erliegen.
- **Sandstürme:** Flimmert die Luft rot, liegt Sand in der Luft. Bei heißen und trockenen Sommern können unangenehme Stürme wüten, die den Sand aus dem Inland hunderte Kilometer weit tragen. Fenster und Türen sollten in dieser Zeit geschlossen bleiben.

Sturm auf Tasmania

Ein *bush fire* wütet in der Nähe.

Urban Myths: Australien-Irrglauben

- Die Vorstellung, dass Sydney nicht die Hauptstadt Australiens ist, fällt schwer. Schließlich ist die Metropole die älteste, bevölkerungsreichste und für viele sehenswerteste Stadt. Das Parlament aber steht in Canberra.
- Die Annahme, der Uluru sei nur einen Katzensprung von Alice Springs entfernt, hält sich wacker. Nur ist das Red Centre ziemlich groß. Wer zeitlich zu knapp plant, wird mit Mühe und Not die mehr als 400 Kilometer zwischen beiden Orten zurücklegen können.
- Ein auch unter Aussies verbreiteter Irrglauben ist, Tasmania gehöre nicht zu Australien. Zwar verlässt man bei einer Reise nach Tassie das australische Festland, nicht aber den australischen Staat.

4.2 Leute

Mentalität

Die Australier nehmen es mit Humor, wenn etwas schiefgeht, und packen mit an, wenn es darauf ankommt. Beeindruckend ist ihr Sinn für eine ausgewogene Work-Life-Balance. Arbeit ist wichtig, Freizeit ist wichtiger. Und die wird zumeist im Freien – oder im Pub – verbracht.

Doch nichts drückt die Mentalität der Australier so perfekt aus wie ihr *No worries*. Keine Sorge, kein Problem – das ist nicht einfach so dahin gesagt. Nichts und niemand scheint die Aussies aus der Ruhe zu bringen. Ihre Offenheit ist ebenso wenig gespielt wie ihre Hilfsbereitschaft. Sie kennen dich gerade einmal wenige Minuten und laden dich zum Essen ein.

Eine „Kehrseite" ihrer Aufgeschlossenheit ist ihre Unverbindlichkeit. Der Kontakt, so herzlich er ist, bleibt meist oberflächlich. Absprachen, die getroffen wurden, werden nicht immer eingehalten. Die typische *How are you*-Begrüßung ist eher eine höfliche Floskel denn ernsthaftes Interesse. Und beim Thema Pünktlichkeit und Ordentlichkeit können die Australier noch viel von uns lernen.

Multikulti

Australien ist ein Einwanderungsland. Die große Mehrheit der Bevölkerung ist europäischer Abstammung, größtenteils britisch oder irisch, aber auch griechisch oder italienisch. China, Vietnam oder Thailand sind ebenso häufige Herkunftsländer. Hinzu kommen die Gastarbeiter, Austauschschüler, internationalen Studenten und Backpacker aus aller Welt.

Die freie Zeit wird oft am Strand verbracht.

Australien ist eine bunte Mischung verschiedenster Kulturen, Traditionen und Sprachen. In jeder größeren Stadt gibt es eine Chinatown oder ein Little Italy, andere Dinge wie der Linksverkehr gehen auf die britischen Ursprünge zurück. Das multikulturelle Zusammenleben klappt gut, wenngleich der Argwohn gegenüber zunehmenden Fremdeinflüssen zu spüren ist.

Sprache

In Australien entwickelte sich eine sehr eigenwillige Version des Englischen. Für dich bedeutet das in den ersten Tagen zumeist ein kommunikatives Chaos. Das Sprechen mag funktionieren, doch das Verstehen ist die eigentliche Herausforderung.

Das wohl markanteste am Aussie Strine, dem Slang, sind die vielen Verkürzungen wie *barbie* für Barbecue oder *mozzie* für Moskito. Hast du erst einmal die Standard-Abkürzungen verinnerlicht, kommt mit dem Nuschel-Faktor das nächste Sprachtrauma auf dich zu. Bei einem Stadtmenschen mag der Akzent nicht ganz so schwer verständlich sein. Reist du ins Outback, ist die Aussprache ebenso karg wie die Landschaft.

Good to know: Aussie Slang

Abkürzungen	Typische Formulierungen
arvo – afternoon	aussie salute – wave to scare the flies
Aussie – Australian	billabong – pond in a dry riverbed
barbie – barbecue	bloody – very
bickies – biscuits	boogan – redneck
brekkie – breakfast	bottle-o – bottle shop
Brizzi – Brisbane	bush – countryside away from civilisation
chrissi – Christmas	crikey – expression of surprise
coppa – police man	g'day – hello
cuppa – cup of tea/cup of coffee	good on ya – good work
dunny – toilet	hard yakka – hard work
esky – portable ice-box	heaps – lots, many
freebie – something for free	no worries – no problem
footy – Australian Football	outback – interior of Australia
Maccas – McDonalds	road train – truck with many trailers
mozzie – mosquito	sanger – sandwich
postie – postman	station – big cattle or sheep farm
roo – kangaroo	stubby holder – insulated holder for a bottle or can
servo – petrol station	swag – sleeping bag with mattress
sickie – a sick day off work	tea – dinner
smoko – coffee/cigarette break	thongs – flip flops
straya – Australia	ute – utility vehicle, pickup truck
sunnies – sunglasses	yabby – crayfish
Tassie – Tasmania	walkabout – walk in the outback by aborigines
telly – TV	
tradie – tradesman	
Woolies – Woolworths	

Die Versuchung, Deutsch zu reden, ist immens. Gerade an der Ostküste sind deutsche Work & Traveller Massenware. Zwingst du dich, konsequent Englisch zu reden, knüpfst du nicht nur schneller Kontakte, sondern fühlst dich zunehmend sicherer. Spätestens bei der Jobsuche entscheiden deine Sprachkenntnisse, ob und welche Arbeit du ergatterst.

4.3 Tier- & Pflanzenwelt

Über 90 Prozent der Pflanzen Australiens wachsen und gedeihen nur hier. Zu den typischen Vertretern gehören die Eukalyptusbäume. Ebenso weit verbreitet sind Affenbrotbäume, Akazien, Wildblumen und die Busch- und Graslandschaften im Inland. Letztere stehen in starkem Kontrast zu den saftig grünen Regenwäldern der Tropen, die zu den ältesten weltweit gehören.

Delfin in Monkey Mia, Western Australia

Süßes

Zu den berühmtesten tierischen Einwohnern zählen Koala, Känguru, Wombat & Co. Die süßen Beuteltiere sind ebenso einzigartig wie Emus und Kasuare sowie die Kloakentiere Echidna und Platypus. In der Luft zwitschern Kakadus, Wellensittiche und Kookaburras um die Wette. Letzterer lacht auch gerne, weshalb er Lachender Hans genannt wird. Zu den beliebten Bewohnern unter Wasser gehören Schildkröten, Wale, Robben, Delfine und natürlich auch „Nemo“.

Den Salties, Salzwasserkrokodilen, solltest du nicht zu nahe kommen.

Gefährliches

Australien beheimatet einige tödliche Tiere wie Spinnen, Schlangen, Krokodile, Haie und Quallen. Allerdings kommst du mit den giftigen und schnappenden Störenfrieden so gut wie nie in Kontakt. Die Australier wohnen Tür an Tür mit diesen gewöhnungsbedürftigen Nachbarn – und leben noch. Sofern der gesunde Menschenverstand dir sagt, nicht in den Fluss zu springen, wenn ein Schild mit einem Krokodil darauf genau davor warnt, brauchst du nicht besorgt zu sein.

TIPP: Vorsichtsmaßnahmen

- Warnschilder an Flüssen bzw. am Strand ernst nehmen.
- Während der Quallensaison nur mit Schwimmanzug ins Meer gehen.
- Falls die Schuhe über Nacht draußen standen, vor dem Anziehen rein schauen.
- Nur mit knöchelhohen Schuhen durch dichtes Buschwerk laufen.

4.4 Kultur & Kulinarisches

Sport

Australier sind Outdoor-Junkies und verbringen ihre freie Zeit am liebsten draußen. Drinnen halten sie sich eigentlich nur der Klimaanlage wegen auf. Wer das Meer vor seiner Haustür hat, springt zum Feierabend oder am Wochenende ins kühlende Nass. Die Nationalparks laden zum Hiking ein, die traumhafte Natur zu Campingausflügen und wilde Pisten zu abenteuerlichen Offroad-Touren.

Neben Surfen, Schwimmen und Wandern schlagen ihre Sportlerherzen in erster Linie für Cricket, Rugby und Australian Football. Wenn möglich, schaue dir ein Spiel an! Mit Ausnahme von Cricket bekommst du mehr Action geboten als beim Fußball-Weltcup. Sportevents wie die Australian Open, der Formel 1 Grand Prix oder der Melbourne Cup sind ebenfalls einen Besuch wert.

Beim Australian Football gibt's sehr viele Tore!

Essen

Eine eigene australische Küche gibt es – mit Ausnahme des *bush tucker* der Aborigines – eigentlich nicht. Selbst typische Gerichte wie das *chicken parma* (Schnitzel mit Schinken, Tomatensoße und Käse überbacken) oder *pies* (Fleischpasteten) sind den Einflüssen der Einwanderer zu verdanken. Eine Geschmacksprobe des berühmt berüchtigten Vegemite geschieht auf eigene Gefahr. Du liebst oder hasst es. Von vielen geschätzt ist ein gutes Rinder- oder Lammsteak vom Grill. Krokodil-, Känguru- oder Kamelfleisch gelten eher als Touristenfutter. Zum Nachtisch gibt es die vergötterten Tim Tams – zuckersüße Schokokekse mit Füllung.

Wenn es um die flüssige Nahrungsaufnahme geht, zeigen sich Australier trinkfest. Besonders Bier steht hoch im Kurs und wird eiskalt mit möglichst wenig *froth* (Schaumkrone) gezapft. Der Wein kommt nicht nur aus Flaschen, sondern ebenso im günstigen und damit unter Backpackern besonders beliebten Tetrapack. Ob dieser 4-Liter-*goon* dann auch schmeckt, ist eine andere Frage.

Good to know: Streit unter Nachbarn

Zwischen Aussies und Kiwis (Neuseeländern) herrscht bis heute Streit, wer die ebenfalls für Down Under berühmten Anzac Cookies, den Flat White-Kaffee oder die Pavlova-Torte kreiert hat.

Gambling

Ein weiteres völlig selbstverständliches Hobby der Aussies ist das Glücksspiel. In vielen Pubs stehen *pokies* (Spielautomaten) und auf den Bildschirmen werden Pferderennen übertragen. In den Großstädten ist ein Besuch im Kasino nicht etwa den Reichen und Schönen vorbehalten. Auch als Backpacker kannst du in Flipflops und Shorts beim Blackjack oder Roulette dein Glück versuchen. Aber denke daran – Glücksspiel macht süchtig, auch Down Under.

Brambuk Cultural Centre in den Grampians

4.5 Aborigines

Felsmalerei im Röntgenstil

Die Ureinwohner Australiens sind die älteste, noch lebende indigene Kultur auf der Welt. Ihre Ursprünge reichen mehr als 50.000 Jahre zurück. Ihre sogenannte Traumzeit versinnbildlicht die enge Verbindung zu Land und Natur. Durch Zeichnungen, Tanz und Gesänge überliefern sie ihre Geschichten – leider bis heute ohne Happy End. Nach Ankunft der ersten Siedler wurden die Ureinwohner zurückgedrängt und verloren ihre traditionellen Gebiete. Viele Stämme und Sprachen starben aus. Heute sind nur noch etwa drei Prozent der Einwohner indigener Herkunft.

Mittlerweile wird ihrer Kultur mehr Achtung entgegengebracht. Heilige Stätten bekamen ihre ursprünglichen Namen zurück – aus den Olgas wurde Kata Tjuta, aus dem Ayers Rock wieder der Uluru. Viele Touren widmen sich der indigenen Kultur und werden von Ureinwohnern durchgeführt – etwas, dass du dir nicht entgehen lassen solltest.

Tipp: Diskussion mit Australiern
Vermeide es, mit Australiern über die Ureinwohner zu sprechen. Die Meinungen sind festgefahren, Toleranz geschweige denn Akzeptanz nicht immer vorhanden. Als Außenstehender bekommt man schnell das Gefühl, sich „einzumischen".

Besonders an der Westküste und im Northern Territory wirst du sehen, dass viele Ureinwohner ihre sozialen Wurzeln verloren haben, während anderen der Spagat zwischen Moderne und Tradition gelungen ist. Alkoholmissbrauch und Herumlungern auf der Straße sind Belege der gescheiterten Integration. Diese Schattenseite gehört ebenso zu Australien und lässt dich mit anderen Augen auf das vermeintliche Paradies schauen.

4.6 Einstimmung auf Australien

Stimme dich mit Büchern, Filmen oder auch Songs auf Australien ein und lies bzw. schau sie, wenn möglich, in Englisch – so bekommst du gleich ein Gefühl für die Sprache.

Filmtipps aus und über Australien

- Australia
- Bran Nue Dae
- Crocodile Dundee-Trilogie
- Finding Nemo
- Mad Max-Reihe
- Ned Kelly
- Rabbit-Proof Fence
- Red Dog
- Sweet Country
- The Adventures of Priscilla, Queen of the Desert
- The Dressmaker
- Wolf Creek

Büchertipps aus und über Australien

- Cloudstreet, Tim Winton
- Follow the Rabbit-Proof Fence, Doris Pilkington & Nugi Garimara
- Picnic at Hanging Rock, Joan Lindsay
- The Secret River, Kate Grenville
- Tracks, Robyn Davidson
- True History of the Kelly Gang, Peter Carey

Daneben gibt es natürlich unzählige Bücher nicht-australischer Autoren, die dich je nach Thema unterhaltsam oder packend auf deinen Australien Aufenthalt vorbereiten.

- Australian Phrasebook, Lonely Planet
- Fettnäpfchenführer Australien, Markus Lesweng
- Gebrauchsanweisung für Australien, Joscha Remus
- In a Sunburned Country, Bill Bryson
- Mutant Message Down Under, Marlo Morgan

Aussie Playlist

- AC/DC – Thunderstruck
- Angus & Julia Stone – Big Jet Plane
- Cold Chisel – Khe Sanh

- Crowded House – Don't dream it's over
- Divinyls – I touch myself
- Empire of the sun – We are the people
- Geoffrey Gurrumul Yunupingu – Wiyathul
- Gotye – Somebody that I used to know
- Gypsy & The Cat – Time to wander
- INXS – Need you tonight
- John Butler Trio – Spring to come
- Matt Corby – Resolution
- Men at Work – Down Under
- Midnight Oil – Beds are burning
- Powderfinger – My happiness
- Sia feat. David Guetta – Titanium
- Slim Dusty – G'Day G'Day
- Steve Earle – Copperhead Road
- The Cat Empire – Still young
- The Snowdroppers – Do the stomp
- Vance Joy – Riptide
- Xavier Rudd – Follow the sun

Das offizielle Wappen Australiens mit Känguru und Emu sowie der Goldakazie

5. Ankommen & Einleben

Up in the Air – Du bist endlich unterwegs!

5. Ankommen & Einleben

Down Under ist ein großes Stück näher gerückt – die Vorbereitungen sind abgeschlossen, dein Gepäck verstaut und die Abschiedsfeier geschmissen. Der nächste Schritt ist der ins Flugzeug. Hast du den eintägigen Flugmarathon überstanden, gibt es noch zwei, drei Dinge, um die du dich vor Ort kümmern musst. Erst mit einer Steuernummer, einem Bankkonto und einer australischen SIM-Karte kannst du voll in dein Work & Travel-Abenteuer durchstarten!

5.1 Reise & Ankunft

Abreise

Damit der Flieger nach Australien nicht ohne dich abhebt, sei zwei bis drei Stunden früher am Flughafen. Gerade zur Hochsaison dauern die Check-ins und Sicherheitskontrollen ewig – vom Abschied der Eltern ganz zu schweigen. An Flughäfen wie Frankfurt sind die Laufwege lang und etwas Kleines zu essen oder trinken magst du dir vielleicht auch noch gönnen.

Um ein stressiges Umpacken an der Gepäckaufgabe zu vermeiden, informiere dich über die Bestimmungen der Airline, sowohl was Maße und Gewicht als auch erlaubte Inhalte im Hand- und Aufgabegepäck betrifft.

> **Good to know: Geldwechsel**
> Aufgrund der hohen Gebühren in den Wechselstuben ist es nicht ratsam, vorab eine hohe Summe in australische Dollar zu wechseln, vor allem nicht am Flughafen. Ca. 100 EUR reichen völlig aus.

Fast geschafft!

Im Flieger

Nur wenige Flüge legen eine längere Strecke um den Globus zurück als der von Europa nach Australien. Einen Tag verbringst du in der Luft – eine lange Zeit, wenn du vor Aufregung kaum still sitzen kannst. Es gibt viele Möglichkeiten, sich die Zeit im Flieger so angenehm wie möglich zu machen: Filme schauen, Musik hören, in Reiseführern stöbern oder Schäfchenwolken zählen.

TIPP: Langstreckenflug überstehen

- Wasserflasche für den Flug mitnehmen, je nach Kontrolle beim Boarding gefüllt oder auch leer. Die Flasche kann im Flugzeug nachgefüllt werden.
- Bequeme Kleidung anziehen. 10.000 Meter über der Erde schert sich keiner um den Dresscode – zumindest nicht in der Economy Class.
- Warme Socken und Pulli einpacken. Gerade im hinteren Teil des Fliegers ist es kühler.
- Kleiner Kulturbeutel mit Zahnbürste und -pasta sowie Deo und Creme für die Katzenwäsche.
- Eigene Kopfhörer. Die der Airlines sind nicht gerade Hightech.
- Nackenkissen und Schlafbrille helfen beim „entspannten" Schlafen. Die Airline stellt Kissen und eine dünne Decke.
- Filme/Musik auf Tablet oder Handy laden, falls Entertainment-Programm an Bord nicht gefällt oder funktioniert.
- Uhr frühzeitig auf Zeit am Zielort umstellen. Das hilft bei der Zeitumstellung.
- Flugbegleiter vorab bitten, für Mahlzeiten geweckt zu werden.
- Angeschnallt bleiben, auch beim Schlafen. Luftlöcher können auch ohne Turbulenzen auftreten.
- Laufen bzw. Beinübungen am Platz. Wer anfällig für Thrombosen ist, besorgt sich vorab Kompressionsstrümpfe.
- Gut zwei Stunden vor Landung „frisch" machen. Andernfalls reiht man sich in eine sehr lange Schlange vor der Bordtoilette ein.

Ankunft & Quarantäne

Im Flugzeug nach Australien erhältst du die Passenger Card, auf der du neben Fragen zur Person und zum Flug angeben musst, ob du bestimmte Güter einführst. Eingeführt werden dürfen u. a. Schokolade, Süßigkeiten, Getränke, Tee, Alkohol und Tabak (Mengenbegrenzung beachten!). Nicht erlaubt sind u. a. Lebensmittel aus dem Flugzeug, selbstgemachte Speisen, Obst oder Gemüse. Produkte wie Nüsse oder Federn (in Schlafsäcken) können i. d. R. eingeführt werden, sollten aber deklariert werden. Die Quarantänebestimmungen in Australien sind streng! Im Zweifel immer deklarieren und lieber die Salami und den Apfel in den Müll werfen, als dafür Strafe zahlen.

LINK: Quarantänebestimmungen im Detail

- abf.gov.au/entering-and-leaving-australia/can-you-bring-it-in

Die Passenger Card legst du zusammen mit deinem Reisepass bei der Pass- und Gepäckkontrolle vor. Je nach deinen Angaben wird dein Gepäck stichprobenhaft überprüft oder du kannst direkt zum Ausgang durchlaufen.

LINK: Passenger Card auf Deutsch

Unter folgendem Link kannst du vorab ein Muster der Passenger Card auf Deutsch herunterladen:

- abf.gov.au/entering-leaving-australia/files/ipc-sample-german.pdf

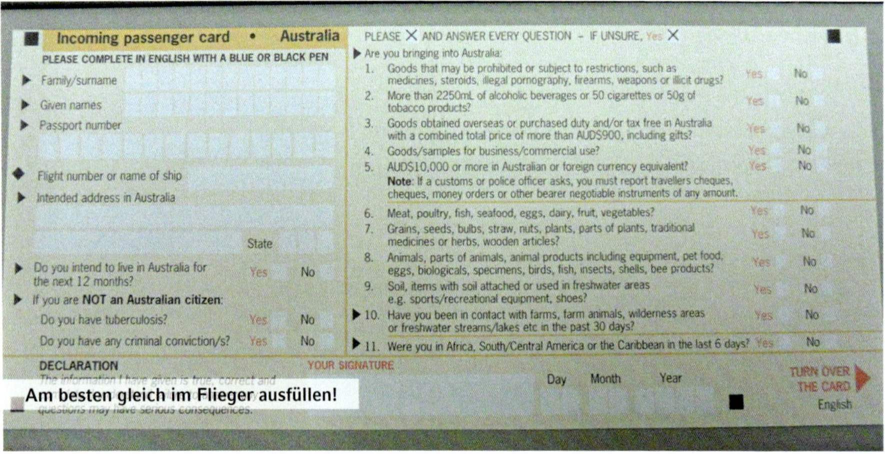

Incoming passenger card • Australia

PLEASE COMPLETE IN ENGLISH WITH A BLUE OR BLACK PEN

- Family/surname
- Given names
- Passport number
- Flight number or name of ship
- Intended address in Australia

State

- Do you intend to live in Australia for the next 12 months? Yes No
- If you are **NOT an Australian citizen**:

Do you have tuberculosis? Yes No

Do you have any criminal conviction/s? Yes No

PLEASE X AND ANSWER EVERY QUESTION - IF UNSURE, Yes X

Are you bringing into Australia:

1. Goods that may be prohibited or subject to restrictions, such as medicines, steroids, illegal pornography, firearms, weapons or illicit drugs? Yes No
2. More than 2250mL of alcoholic beverages or 50 cigarettes or 50g of tobacco products? Yes No
3. Goods obtained overseas or purchased duty and/or tax free in Australia with a combined total price of more than AUD$900, including gifts? Yes No
4. Goods/samples for business/commercial use? Yes No
5. AUD$10,000 or more in Australian or foreign currency equivalent? Yes No
   Note: If a customs or police officer asks, you must report travellers cheques, cheques, money orders or other bearer negotiable instruments of any amount.
6. Meat, poultry, fish, seafood, eggs, dairy, fruit, vegetables? Yes No
7. Grains, seeds, bulbs, straw, nuts, plants, parts of plants, traditional medicines or herbs, wooden articles? Yes No
8. Animals, parts of animals, animal products including equipment, pet food, eggs, biologicals, specimens, birds, fish, insects, shells, bee products? Yes No
9. Soil, items with soil attached or used in freshwater areas e.g. sports/recreational equipment, shoes? Yes No
10. Have you been in contact with farms, farm animals, wilderness areas or freshwater streams/lakes etc in the past 30 days? Yes No
11. Were you in Africa, South/Central America or the Caribbean in the last 6 days? Yes No

DECLARATION

The information I have given is true, correct and

YOUR SIGNATURE

Day Month Year

TURN OVER THE CARD

English

Am besten gleich im Flieger ausfüllen!

TIPP: Einreise-Stempel

Du erhältst keinen Stempel in deinen Pass, da dein Visum elektronisch hinterlegt ist. Auf höfliche Nachfrage zückt vielleicht der ein oder andere Passkontrolleur noch seinen „Arrival"-Stempel.

Transfer zur Unterkunft

Hast du bereits ein Hostel gebucht oder reist du mit einer Organisation (siehe Seite 21), ist der Transport zur Unterkunft mitunter inkludiert. Die Fahrt vom Flughafen in die Innenstadt ist aber auch einfach selbst zu organisieren (siehe Anhang). In Sydney gelangst du z. B. mit dem Zug in knapp 15 Minuten in die City, in Melbourne mit dem Shuttlebus in ca. 20 Minuten. Alternativ kommst du mit dem ÖPNV oder dem Taxi ans Ziel. Gerade Uber ist in Australien unglaublich populär und günstig!

5.2 Erste Tage

Willkommen in Australien! Monate- bzw. wochenlang hast du auf deine Ankunft hin gefiebert. Damit deine Euphorie möglichst lange anhält, gehe die ersten Tage entspannt an.

Unterkunft

Um nicht mit Sack und Pack sowie Jetlag auf „Wohnungssuche“ gehen zu müssen, buche dir vorab für die ersten ein, zwei Nächte ein Hostel oder eine andere Unterkunft. So kannst du nach Ankunft ein festes Ziel ansteuern und erst einmal runterkommen. Zumal, je nach Ankunftszeit, viele Unterkünfte auch schon lange im Voraus ausgebucht sind: Bestes Beispiel ist Sydney im Dezember. Falls dir die Unterkunft nicht gefällt, suchst du dir einige Tage später einfach eine neue.

Jetlag

Ein Tag in der Luft macht sich nicht nur in der Entfernung bemerkbar, sondern auch im Körper. Die Zeitverschiebung, wenig Schlaf, Aufregung und der Klimaumschwung machen dem einen mehr, dem anderen weniger zu schaffen.

Nach dem langen Flug bist du bestimmt müde.

Um den Jetlag abzuschütteln, gewöhne dich möglichst schnell an den neuen Tagesrhythmus. Kommst du morgens in Australien an und fällst im Hostel sofort in den Tiefschlaf, bist du vorerst nicht zu gebrauchen. Vielmehr heißt es, raus an die frische Luft, entspannt durch die Gegend schlendern und sich erst abends dem Bett nähern.

TIPP: Flugzeiten beachten

Jetlag-freundlich sind Flüge, die nachmittags bzw. abends in Australien landen. Bis du aus dem Flughafen raus und bei der Unterkunft angekommen bist, kannst du gleich ins Bett gehen.

Eindrücke über Eindrücke

Schon kurz nach Ankunft prasseln die ersten Eindrücke auf dich ein: fremde Sprache, Linksverkehr, selbst andere Sterne am Himmel! Das kann unglaublich eindrucksvoll, aber auch überwältigend sein – ebenso wie die vielen Geschichten deiner „Vorgänger“, die du zu hören bekommst. Sicherlich sind nützliche Infos dabei. Doch jeder geht Work & Travel anders an. Lausche als „Greenhorn“ den Erfahrungen anderer Backpacker, aber versuche nicht, alles genauso umzusetzen.

Einstiegshilfe

Jobsuche

Kaum aus dem Flieger ausgestiegen, sucht mancher schon den perfekten Job, der idealerweise morgen beginnt und extrem gut bezahlt ist. Kann passieren, muss aber nicht – und sollte vielleicht auch nicht.

Auch wenn deine Ersparnisse nicht immens sind, nimm dir die Zeit, in Ruhe anzukommen, um einen Eindruck von Land und Leuten sowie der Arbeitsmöglichkeiten vor Ort zu bekommen. Sonst stürzt du dich in den ersten Job und stellst fest, dass dieser nichts für dich ist.

Sei erst mal Tourist und mache Sightseeing, buche eine mehrtägige Tour und lerne andere Backpacker kennen. Danach gehst du die Jobsuche viel entspannter an (siehe Seite 88).

Amelie K.: Überstürzte Jobsuche

„Es ging los in Perth, Western Australia. Dort war es schwierig, einen Job zu finden. Nachdem wir es eine knappe Woche überall versucht hatten, haben wir für einen Pub-Job einen kleinen Abstecher ins direkte Umland gemacht. Da die Leute dort für uns Neulinge noch zu ‚speziell' waren und wir uns nicht wirklich wohlfühlten, sind wir zurück nach Perth und haben beschlossen, anstelle des Arbeitens mit dem Reisen zu starten."

Ups & Downs

Gerade in den ersten Tagen und Wochen, wenn alles neu für dich ist, die Erfahrungswerte noch fehlen oder deine Erwartungen bisher nicht erfüllt wurden, unternimmt deine Stimmung mitunter eine Berg- und Talfahrt. Du stellst fest, dass ein 20-Bett-Zimmer im Hostel echt zu viel des Guten ist, die Jobs nicht wie Konfetti regnen oder Melbourne eigentlich wie Berlin ist.

Was tun? Zuallererst deine negativen Gedanken ausbremsen und ggf. deine Erwartungen runterschrauben (siehe Seite 26). Nicht jeder Work & Travel-Start verläuft mit durchgetretenem Gaspedal. Sobald du ein wenig Routine hast, geht es volle Fahrt voraus. Die Handbremse ziehen und nach Hause fliegen, nur weil deine ersten Tage/Wochen nicht perfekt gelaufen sind, ist nicht immer der richtige Weg. Work & Travel heißt auch, sich durchbeißen können.

5.3 SIM-Karte

Leben und Reisen ohne Handy? Kaum vorstellbar! Die neuesten Fotos werden auf Instagram geteilt, die Bekanntschaften im Hostel werden zu Freundschaften auf Facebook. Und Mutti daheim freut sich auch über die ein oder andere Whatsapp. Das Handy in Australien hat aber auch einen praktischen Nutzen – nämlich den, auf Jobsuche zu gehen und erreichbar zu sein.

Anbieter

Wer der beste Mobilfunkanbieter ist, hängt davon ab, wen du fragst, wohin in Australien du reist und wie dein Nutzerverhalten ist. Unter Backpackern beliebte Anbieter findest du im Anhang (siehe Seite 223).

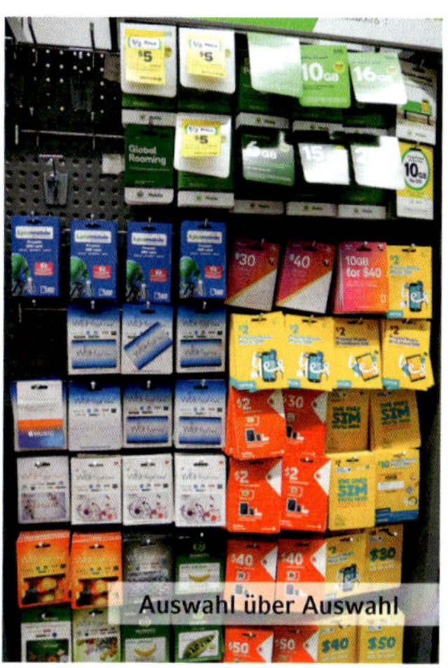

Auswahl über Auswahl

Telstra hat mit Abstand die beste Netzabdeckung in ganz Australien. Selbst wer im tiefsten Hinterland unterwegs ist, hat meist immer noch Empfang – natürlich nicht im Outback, wo nur das Satellitentelefon hilft. Optus ist ähnlich gut aufgestellt. Die hohe Netzabdeckung hat ihren Preis. Boost Mobile und ALDImobile beispielsweise bieten deutlich günstigere Tarife, versagen beim Empfang aber dort, wo andere noch aktiv ist.

Reist du ausschließlich in dicht besiedelten Gegenden, wirst du mit den Low-Cost-Anbietern völlig zufrieden sein. Möchtest du hingegen quer durchs ganze Land touren, bist du mit Telstra oder auch Optus am besten erreichbar. Aber letztendlich ist nur wenig so unberechenbar in Australien wie der Empfang auf dem Handy.

> **TIPP: SIM-Lock**
> Bevor du nach Australien aufbrichst, stelle sicher, dass dein Handy SIM-Lock frei ist. Andernfalls kannst du keine „fremde" SIM-Karte nutzen.

Tarife

In Australien sind Prepaid-Tarife die Regel. Startersets sind ab 2 AUD am Flughafen, in den Supermärkten oder direkt beim Anbieter erhältlich. Nach erstmaliger Aktivierung kannst du das Guthaben per SMS, Voucher oder online aufladen und erwirbst je nach Betrag eine bestimmte Menge an Datenvolumen sowie Freiminuten für Gespräche bzw. SMS/MMS. Einige Provider bieten auch Freiminuten bzw. unbegrenzte Gespräche ins Ausland, u. a. nach Deutschland, an.

TIPP: Internet funktioniert nicht

Hast du mit der neuen SIM-Karte keinen Internetempfang, überprüfe deine Betriebseinstellungen. Die Mitarbeiter der Mobilfunkanbieter helfen dir, dein Handy für die mobile Datennutzung im Ausland richtig zu konfigurieren.

5.4 Steuernummer

Australian Government
Australian Taxation Office Individual Auto-Registration
Contact us Privacy statement Feedback Help

Travel documentation details
Personal details
Existing TFN or ABN information
Address details
Contact details
Declaration

Travel documentation details

We will use the information you enter here to verify your details with DIBP and determine your eligibility for a TFN. Enter the information **exactly** as it appears on your passport or travel document.

What is your passport or travel document number?*

What is the country of origin of your passport or travel document?*

Have you ever visited Australia before?* Yes No

Exit Previous Next

Die Steuernummer beantragst du einfach online.

Zu den ersten Erledigungen, sobald du australischen Boden betrittst, gehört die Beantragung einer Steuernummer, der sogenannten Tax File Number (kurz TFN). Wer in Australien arbeiten geht, muss wie auch hierzulande Steuern auf sein Einkommen zahlen. Wie hoch die Besteuerung ist, erfährst du auf Seite 115. Die Beantragung erfolgt kostenfrei über das Australian Taxation Office, auch ATO genannt, entweder in einer der Niederlassungen oder online auf der Website der Behörde. Sie dauert nicht mehr als 20 Minuten und erfordert nur den Reisepass.

LINK: ATO

- ato.gov.au

Step by Step

- Klick auf „Individuals“
- Unter „Tax File Number“ Klick auf „Apply for a TFN“
- Klick auf „Foreign passport holders, permanent migrants and temporary visitors"
- Klick auf „Apply online for a TFN“

Die Ausstellung der Steuernummer nimmt laut ATO bis zu 28 Tage in Anspruch, dauert i. d. R. aber nur ein bis zwei Wochen. Da die TFN per Post an dich verschickt wird, ist die Angabe einer australischen Adresse nötig. Dabei kann es sich um die Anschrift deines Hostels oder eines Postamtes handeln (siehe Seite 186). Alternativ kannst du dich unter der Hotline 13 14 50 telefonisch nach deiner TFN erkunden, falls du beispielsweise schon weitergereist bist.

Nach der Beantragung der TFN erhältst du eine Bestätigung, mit der du bereits vor Erhalt der Steuernummer arbeiten kannst. Spätestens 28 Tage nach Jobbeginn musst du die TFN bei deinem Arbeitgeber nachreichen.

Du kannst die Beantragung deiner Steuernummer registrierten Anbietern wie Taxback oder Pinkcow überlassen. Dazu teilst du ihnen bereits vor deinem Abflug alle erforderlichen Daten mit. Direkt nach deiner Ankunft übermitteln sie das Formular an die ATO. Deine Steuernummer sowie das Originaldokument erhältst du von ihnen per E-Mail. Der Service kostet natürlich extra.

Good to know: Selbstständig
Möchtest du selbstständiger Arbeit nachgehen, benötigst du eine ABN (Australian Business Number). Sie kann ebenfalls kostenfrei beim ATO beantragt werden. Mit Ausstellung der ABN werden die Steuern nicht vom Gehalt einbehalten, sondern bei der Steuererklärung angegeben.

5.5 Bankkonto

Möchtest du nicht nur reisen, sondern auch arbeiten, benötigst du ein australisches Bankkonto. Dein Arbeitgeber wird aufgrund der hohen Überweisungsgebühren dein Gehalt kaum auf ein deutsches Konto einzahlen. Eine Barauszahlung bzw. Scheckausstellung des Lohns ist ebenfalls unüblich bzw. nicht immer legal. Für Work & Traveller zu empfehlen sind die vier größten Banken des Landes: ANZ, NAB, Westpac und Commonwealth Bank.

Kontoeröffnung

Du gehst in eine Filiale der Bank deiner Wahl und bittest um die Eröffnung eines *everyday account* (Girokonto), mit Möglichkeit zum Onlinebanking. Zusätzlich kannst du ein *savings account* (Sparkonto) oder *super account* (Rentenkonto, siehe Seite 116) einrichten.

Geldautomat heißt übrigens ATM (*automated teller machine*)

Für die Kontoeröffnung benötigst du deinen Reisepass, die australische Steuernummer und eine Adresse, an die deine Bankkarte ein bis zwei Wochen später verschickt wird. Alternativ kannst du die Karte auch in der Filiale abholen bzw. zu einer anderen Filiale der Bank schicken lassen, falls möglich. Liegt die TFN noch nicht vor, kann sie nachgereicht werden.

Du hast die Wahl, bei welcher Bank du Kunde wirst.

Um das Bankkonto zu aktivieren, ist mitunter eine erstmalige Einzahlung/ Überweisung erforderlich.

Eröffnest du dein Bankkonto nicht innerhalb der ersten sechs Wochen nach Ankunft, musst du ggf. mehr Dokumente zur Identifikation einreichen, z. B. Personalausweis oder Führerschein.

Meist fallen keine Kontoführungsgebühren an, zumindest nicht im ersten Jahr bzw. nicht bis zu einem bestimmten Alter. Mitunter ist ein monatlicher Mindesteingang erforderlich. Vergleiche vor Eröffnung die Konditionen der Banken.

TIPP: Kontoeröffnung vor Abreise
Oftmals ist es möglich, das Konto bereits vor Abreise online über die Website der Bank zu eröffnen. Einige Kreditinstitute verlangen dafür die Angabe deiner hiesigen Steuernummer, andere geben sich mit dem Nachreichen der australischen TFN zufrieden. Nach Ankunft in Australien musst du dich lediglich in einer Filiale der Bank mit deinem Reisepass ausweisen und erhältst deine Bankkarte.

Good to know: Cash out
Was hierzulande erst so langsam ins Rollen kommt, ist in Australien längst Alltag. In vielen Supermärkten, Pubs oder an Tankstellen kannst du bei Bezahlung auch Bargeld „abheben".

Geld ins Ausland überweisen

Überweisungen auf dein australisches Konto sind praktisch, um deine heimische Kreditkarte nicht nutzen zu müssen und so Gebühren zu sparen. Auch am Ende deiner Reise hast du vielleicht einige Dollar übrig, die du auf deinem Konto in der Heimat haben möchtest.

Überweist du über deine Hausbank Geld ins Ausland, zahlst du oft hohe Gebühren und musst einen schlechten Wechselkurs in Kauf nehmen. Mittlerweile gibt es auf internationale Überweisungen spezialisierte Anbieter, bei denen der Wechselkurs besser und die Gebühren deutlich geringer sind. Durch Promo-Aktionen oder registrierte Mitglieder kannst du sogar kostenlos ins Ausland überweisen. Anbieter siehe Anhang Seite 223.

5.6 Sprachkurs

Du musst kein Englisch-Profi sein, um beim Reisen und Arbeiten über die Runden zu kommen. Grundlegende Kenntnisse, also Schulenglisch, reichen aus. Das Sprechen vor Ort bringt dir die nötige Sicherheit. Notfalls verständigst du dich mit Händen und Füßen. Das klappt immer. Möchtest du deine Englischkenntnisse zunächst auffrischen oder festigen, kannst du zu Beginn deines Work & Travel einen Sprachkurs belegen.

Sprachschulen

Sprachschulen gibt es in vielen größeren Städten Australiens mit verschiedensten Kursen: als Gruppen- oder Einzelunterricht, mit 20 oder 30 Wochenstunden, als allgemeinsprachlicher Unterricht oder mit Themenschwerpunkten. Die Gruppen sind klein und der Unterricht unterhaltsam gestaltet. Auch Ausflüge oder Aktivitäten werden angeboten – so knüpfst du leicht Kontakte zu anderen.

Sprachkurse sind ab einer Woche möglich. Für Work & Travel sind zwei Wochen ausreichend, um das Englisch aufzupäppeln und die Scheu beim Sprechen abzulegen. Auch Kurse zu Themen wie Business English solltest du nur belegen, wenn du in höherqualifizierten Jobs in der Wirtschaft o. Ä. arbeiten möchtest.

6. Arbeiten

EIR
EST. 2003
For JOBS in Constructi
Construction Labour / Trades People / Hard Worke
Where: Around the CITY and near the BEACHES
When: Jobs start every day
Pay: ABN and TFN available
Paid weekly on Friday mornings
Rates based on Experience (min $26)
Hours: Mon – Saturday : 50-60 hours
Experience: You need 3 years on site experience in Constru

EIR

EIR

Job Brief:
Skills, you need Construction Skills, you need to know construction, n
talk your way through because you helped your Uncle a bit back hom
don't know the difference between grinder and tinder you'll be lost o
We need hard workers, not people out to get a tan ☺
It is very physical work so you need to be fit and strong as it is hard w
How to apply?: Call AISHLING on 0498 009 584
or apply on line at www.eirgroup.com.au
Come see us at
178 Victoria Street, POTTS POINT – 5 minute walk from h
Near Kings Cross Train Station

LOOKING FOR A

REWARD

JOB WITH

UNCAPPED COMMISSI

If you have great communication skills and an upbe
we'd love to hear from you. Our fun and energetic ca
looking for talented individuals for tele-sales roles.

Why BlueInc?

- Social environment
- Full training & coaching provided
- Great earning potential
- Weekly rewards & incentives
- Growing financial services company
- Secure company, promotes from within
- Our vibrant office is based in the heart of Chatswood only a minutes' walk from the train station, Westfield & cafés!

Staff Rewards

Some previous employee rewards

- Las Vegas trip
- Cruise weekend away
- Hunter Valley wine tours
- Paintballing
- Monthly nights out
- Daily gift vouchers

APPLY NOW!

All applicants must have full working rights in Australia (Working Holiday visa accepted).
Sponsorship available for the right candidates!
Call Charlie Clark on +61 2 9210 7921
or email charlie.clark@blueinc.com.au

WORK
WE'RE
FIND

Jobanzeigen am Schwarzen Brett im Hostel

6. Arbeiten

Down Under gehören Ernte- und Farmarbeiten für die meisten Backpacker zu ihrem Australienabenteuer wie das Selfie mit einem Koala. Daneben gibt es zahlreiche weitere Jobmöglichkeiten – alltägliche und außergewöhnliche. Ob Aushilfsjob als Flugzeugreiniger oder festangestellt als Marketing Manager, ob in der Metropole Sydney oder im tiefsten Provinzkaff, ob für zwei Wochen oder sechs Monate – Jobben in Australien lohnt sich nicht nur des Geldes, sondern auch der Erfahrung wegen.

6.1 Jobaussichten

Australiens Wirtschaft wächst seit Jahren, Mitte 2019 betrug die Arbeitslosenquote knapp über fünf Prozent. Während Fachkräfte ganzjährig und eher langfristig gesucht werden, ist der Bedarf an Aushilfskräften besonders in der Hochsaison enorm groß. Kurzzeitige Erntearbeiten oder Gelegenheitsjobs in der Gastronomie können oft nur durch Arbeiter aus Übersee gestemmt werden. Sie zählen daher zu den sichersten und populärsten Jobs unter Backpackern.

Allerdings ist die Konkurrenz ebenso groß, gerade in den Ballungsgebieten. Die Annahme, es gäbe in Australien Arbeit ohne Ende – mit guter Bezahlung – entsprach vielleicht vor 15 Jahren der Realität, aber nicht mehr heute. Erwartest du, dass dir die Jobs in die Hände fallen, wird dein Kontostand langsam, aber sicher gegen Null streben. Sei dir im Klaren darüber, dass Arbeit mal länger auf sich warten lässt als geplant, weniger gut bezahlt ist als erhofft oder so gar nicht deinen Ansprüchen genügt. Das Arbeitsleben in Australien ist kein Ponyhof, auch wenn du auf einem jobben kannst.

TIPP: Nicht nur jobben, auch reisen
Vergiss vor lauter Arbeiten das Reisen nicht. Australien ist viel zu groß und schön, um nur einen kleinen Teil davon zu erkunden. Schließlich heißt es Work *and* Travel, nicht Work *or* Travel.

6.2 Bezahlte Jobs

Erntearbeit

Das ganze Jahr über werden auf dem Fünften Kontinent Obst, Gemüse und andere Naturalien wie Getreide, Baumwolle, Perlen oder auch Salz geerntet. Entsprechend hoch ist der Bedarf an saisonalen Hilfskräften. *Harvest jobs* bzw.

fruitpicking gehört zu den Klassikern unter den Backpackerjobs.

fruitpicking versprechen schnelles Geld nach schneller Zusage. Bewerbungsschreiben sind ebenso selten gefragt wie ein überragendes Englisch.

Kein Wunder, dass die Arbeit auf dem Feld zu den typischen und beliebtesten Jobs für Backpacker zählt. Mit dem richtigen Timing reist du der Ernte hinterher – von der Traubenernte in Western Australia hinüber nach Queensland in die Tomatensaison, dann entweder hoch ins Northern Territory, wo zum Jahresende die reifen Mangos warten oder hinunter nach Victoria, um die Getreideernte einzufahren. Allen Erntejobs gemein ist, dass sie abgelegen sind. Die Vorzüge eines *big city life* wirst du hier nicht genießen.

Good to know: Harvest Guide
Im offiziellen Erntekalender der australischen Regierung erfährst du, wo was wann für wie lange geerntet wird. Er ist online oder als PDF verfügbar und kostenlos: jobsearch.gov.au/harvest

Die häufigsten Aufgaben sind *picking*, das Pflücken sowie *packing*, das Sortieren und Verpacken. Weitere Tätigkeiten sind u. a.:

- *thinning*: Auslesen/Ausdünnen der Früchte
- *pruning*: Beschneiden der Bäume/Büsche
- *weeding*: Unkraut jäten
- *planting*: Setzlinge pflanzen
- Maschinen bedienen, instand halten oder reinigen

Für manche Aufgaben wie das Fahren von Traktoren solltest du erste Erfahrungen mitbringen, meist sind aber keinerlei Vorkenntnisse nötig. Oft suchen die Farmer Mitarbeiter für die gesamte Saison, die wenige Wochen oder mehrere Monate dauert. Erntejobs kannst du also sehr kurzfristig und flexibel in deinen Work & Travel-Zeitplan unterbringen.

Vivien F.: Verschiedene Erntearbeiten

„Beim ersten Job war ich auf einer Knoblauchfarm und habe diesen in verschiedene Größen sortiert. Dabei musste man zuerst ein paar Hautschichten schälen und die Wurzel abschneiden und anschließend konnte man ihn nach der Größe in die Box einsortieren. Bei meinem zweiten Job habe ich Trauben gepflückt. Bei beiden Jobs fängt man früh am Morgen an zu arbeiten und ist dann nachmittags wieder zurück im Hostel und es bleibt noch Zeit für andere Sachen. Allerdings war ich nach meiner Arbeit auf der Knoblauchfarm erschöpft, sodass ich eigentlich erst am Abend wieder etwas mit den anderen im Hostel gemacht habe. Beide Farmjobs sind sehr einseitig und man macht den ganzen Tag stundenlang das gleiche, sodass Langeweile aufkommt. Beim Trauben pflücken konnte man, sofern man als Team gearbeitet hat, miteinander reden und so hatte man auch während der Arbeit viel Spaß. […]"

Wie wäre es mit Kartoffeln sortieren?

Wie lange du als Erntehelfer durchhältst, hängt vor allem von deiner Fitness ab. Zu Hochzeiten schuftest du sieben Tage die Woche mehr als acht Stunden am Tag. Gerade beim *picking* arbeitest du unter freiem Himmel – das bedeutet je nach Region, dass es entweder heiß, schwül, kalt und/oder nass ist. Zudem stehst oder läufst du den ganzen Tag, arbeitest in gebückter Position, schleppst schwere Kisten oder bekommst Blasen und blaue Flecken. Hinzu gesellen sich tierische Quälgeister, die dich stechen oder beißen wollen. Darüber zu jammern, dass dir alles weh tut, kratzt oder juckt, bringt dir bei der Ernte kein Mitleid oder eine längere Pause ein.

TIPP: Safety first

Feste Arbeitsschuhe mit Stahlkappen, Langarm-Shirts, lange Hosen, ein Hut sowie reichlich Sonnenschutz und Wasser sorgen für deine Sicherheit.

Farmarbeit

Möchtest du nicht den ganzen lieben Tag lang schwere Bananenstauden hieven, sondern lieber unter Rindern, Pferden und Hühnern deine Dollars verdienen, versuche dich als Hilfskraft bei den Vieh- und Milchbetrieben Australiens. Diese reichen von kleinen Farmen bis zu Arealen, die größer als manche Länder Europas sind.

Oder große Maschinen bedienen?

Die Arbeit auf einer Farm ist anspruchsvoller und abwechslungsreicher als auf einem Kartoffelfeld. Zu deinen Aufgaben gehören je nach Betrieb beispielsweise Rinder treiben, Lämmer und Kälber kastrieren, Kühe melken, Ställe ausmisten, Traktor fahren, den Garten pflegen, das Feld umpflügen, die Maschinen reinigen oder mit dem Quadbike auf dem Gelände nach dem Rechten sehen.

Einen Job auf einer der riesigen Rinder- und Schaffarmen im Outback zu finden (die man in Australien übrigens *station* und nicht *ranch* nennt), ist etwas schwieriger, wenngleich nicht unmöglich. Gesucht werden zumeist *stockmen* (ausgebildete Fachkräfte) oder *farmhands/stationhands* (Hilfskräfte) mit Erfahrung im Umgang mit Tieren und Maschinen, (Motorrad-)Führerschein und handwerklichem Geschick.

Lisann H.: Arbeit auf einer Hühnerfarm

„Bei der Hühnerfarm stand täglich das sogenannte packing *an, bei dem die Eier von einer Maschine sortiert und in Eierkartons bzw.* egg trays *sortiert wurden. Unsere Aufgabe war es, diese in Kartons zu verstauen und auf Paletten zu sortieren, welche dann […] auf den Truck geladen wurden. Zudem mussten die Eierkartons […] mit dem Haltbarkeitsdatum gestempelt […] werden. Während des* packing *gab es noch die Aufgabe, beschädigte Eier auszusortieren und verschmutzte Eier zu putzen. Ausgeliefert wurden die Eier dann an drei Tagen in der Woche. Dabei waren wir immer zu dritt auf dem Truck und sind an den unterschiedlichen Tagen verschiedene Strecken zu diversen Kunden gefahren und haben dort die Eier verkauft. […] Außerdem gehörte zu unseren Aufgaben das Herauslassen der Hühner am Vormittag und das abendliche Hereinholen. Zudem fielen regelmäßige Putzarbeiten im* packing shed *an, und auch durch die Hühnerställe mussten wir regelmäßig gehen, tote Hühner herausnehmen und die nicht in die Brutkästen gelegten Eier aufsammeln. […]"*

Tipp: Jackeroo- bzw. Jilleroo-Kurs
Erste Fertigkeiten erlernst du in einem Jackeroo- bzw. Jilleroo-Kurs, der australischen Variante des Cowboy- bzw. Cowgirltrainings. Im Anschluss wirst du meist an eine Farm weitervermittelt.

Good to know: Verlängerung
Viele Backpacker suchen gezielt Ernte- oder Farmarbeiten, da sie zur Beantragung des Second/Third Working Holiday Visa berechtigen, siehe Seite 208.

Bier zapfen muss auch gelernt sein!

Gastronomie

Jobs in der Gastronomie, beispielsweise im Café oder Restaurant, sind unter Backpackern weit verbreitet. Besonders hoch ist das Angebot, aber auch die Nachfrage in den Großstädten. Beliebte Alternativen in den ländlichen Regionen sind Anstellungen im Country Pub oder Roadhouse.

Zu den typischen Jobs der Branche gehören u. a. Servicekraft, Kellner, Küchenhilfe, Koch, Barkeeper und Barista. Du hast feste Arbeitszeiten oder stehst auf Abruf bereit, wenn du z. B. auf Events als Bedienung aushilfst. Die Arbeit im Schichtsystem ist ebenso wahrscheinlich wie dein Einsatz am Wochenende. Dafür erhältst du Zuschläge und womöglich auch Trinkgeld.

Carolin W.: Arbeit im Café
„Ich war drei Monate in einem Café in Melbourne. Ich bin morgens halb sieben durch die Stadt zum Café spaziert, habe mit meinen Kollegen den Laden aufgemacht und dann bis nachmittags den ganzen Büromenschen ihr Lebenselixier namens Flat White in die Hand gedrückt. Mir hat die Arbeit super viel Spaß gemacht, ich hatte ein tolles Team und habe echt viel gelernt. Ich war vor allem für die Essens- und Getränkeausgabe zuständig, im Laufe der Zeit habe ich aber auch mehr Verantwortung bekommen und konnte den Laden mehr oder weniger allein schmeißen. […] Gearbeitet habe [ich] mindestens acht Stunden pro Tag, Montag bis Freitag. Den Job habe ich bekommen, indem ich einfach […] in die Cafés und Restaurants mit meinem CV spaziert bin, […]. Ich hab also meinen CV da gelassen und wurde kurze Zeit später für ein Probearbeiten eingeladen."

Vorerfahrungen sind häufig notwendig oder zumindest gern gesehen – vor allem in den Städten, wo die Konkurrenz hoch ist. Ebenso ein Muss sind gute Englischkenntnisse, sofern du Kundenkontakt hast. Unter Umständen musst du auch einen Jobkurs belegen, siehe Seite 112.

Gastgewerbe & Tourismus

Beim *housekeeping* arbeitest du in den Hostels, Hotels oder Ressorts und bist für die Reinigung der Zimmer sowie öffentlichen Räume zuständig. Schläfst du in der gleichen Unterkunft, in der du arbeitest, kannst du dadurch oft die Miete reduzieren oder ganz sparen. Neben *housekeeping* sind auch Tätigkeiten an der Rezeption, in der Gästebetreuung oder Animation möglich – je nach Vorerfahrung.

Clara W.: Housekeeping in Cairns

„Wir haben in Cairns im housekeeping *gearbeitet, für eine Agentur, die uns in verschiedene Hotels und Ressorts gesendet hat. Das war okay, körperlich hart und man musste früh aufstehen, aber man konnte vom Gehalt gut leben und etwas sparen. […] Wir waren von morgens 7 Uhr unterwegs, vor allem wenn wir ca. eine Stunde nach Port Douglas gefahren werden mussten. Dann ging es mit einer halben Stunde Mittagspause (oft* for free *in dem jeweiligen Hotel) bis abends 18 Uhr […]. Man bekam ein Team zugeteilt, ist von Villa zu Villa gefahren und hat geputzt. Wenn es ein* full clean *war, also die Gäste bereits abgereist waren, war es erlaubt, alle übrig gebliebenen Lebensmittel zu behalten, was für uns als Backpacker natürlich oft gut war. Manchmal waren es auch Hotels in Cairns, dann hat man allein eine Liste von Zimmern abgearbeitet."*

Wie wäre es sonst mit einem Job als Surf- oder Tauchlehrer, sofern du die nötige Qualifikation dazu hast? Vielleicht zeigst du Neuankömmlingen in Sydney als Tourguide die *hidden gems* der Stadt. Oder du sorgst als die rechte Hand des Skippers für Ordnung und Sauberkeit auf Ausflugsbooten.

Heuere auf Ausflugsbooten an.

Promotion & Events

In den Innenstädten wimmelt es nur so von Promotern, die mit Flyern oder Schildern in der Hand für Geschäfte oder Attraktionen werben, Spenden sammeln (Fundraising) oder Mitgliedschaften anbieten. Vielleicht bist du bald einer von denen, die telefonisch, in der Fußgängerzone oder an den Haustüren auf Kundenfang gehen. Dafür solltest du kontaktfreudig sein, Überzeugungstalent haben und sicher Englisch sprechen. Häufig wirst du nach Provision bezahlt, also nach Anzahl deiner Kundenanwerbungen.

Weihnachtsparade in Adelaide

Wem das zu aufdringlich ist, kann auf den zahlreichen kleinen und großen Veranstaltungen aushelfen wie Festivals, Sportevents, Paraden oder Agrarshows. Schaue in den Eventkalender der Region und frage beim Veranstalter, ob er Hilfskräfte für den Auf- und Abbau, die Ticketkontrolle, Toilettenreinigung oder den Verkauf an der Fish & Chips-Bude sucht. Als Lohn winkt dir nicht nur die Bezahlung, sondern auch der gratis Besuch des Events.

Cara W.: Arbeit bei einer Catering-Firma

„Gleichzeitig […] habe ich auch noch für einen Catering-Service gearbeitet, was wohl der coolste Job in meiner Zeit in Australien war. Wir sind darauf durch einen Aushang im Hostel aufmerksam geworden. Einen Monat später wurden wir tatsächlich angerufen, ob wir am Wochenende arbeiten können. Na klar. Wo? Keine Ahnung. Was machen? Keine Ahnung. Egal. So ist das Backpacker-Leben. Uns führte es dann […] in den Flemington Racecourse, wo auch der alljährliche Melbourne Cup stattfindet. So erwarteten wir schon die Crème de la Crème der Melbourne Society und ein etwas schickeres Event. Auf dem Weg dorthin fiel uns dann aber schnell auf, dass wir wohl auf einem Heavy Metal-Festival arbeiten würden. […] So haben wir stundenlang [im Food Truck] an Schlangen von Rockern Hamburger, Pommes und Co verkauft, was super viel Spaß gemacht hat – zumal wir dabei […] Linkin Park und Metallica auf den Bühnen lauschen konnten. Ein unbeschreibliches Gefühl. In den folgenden Monaten arbeiteten wir immer mal wieder für die Catering-Firma […]: Zwei weitere Festivals […], manchmal bei einem Rugbyspiel und als absolutes Highlight fünf Tage beim Formel-1-Rennen ‚Melbourne Grand Prix'! Das werde ich wohl niemals vergessen."

Au-pair

Verfügst du über Erfahrungen in der Kinderbetreuung, kannst du als Au-pair arbeiten. Du kümmerst dich um den Nachwuchs, holst ihn von der Schule ab, machst Hausaufgaben, bereitest das Essen zu und hilfst im Haushalt mit. Für deine Unterstützung erhältst du i. d. R. einen kleinen Zuverdienst, durchschnittlich 250 bis 300 AUD (ca. 150 bis 180 EUR) pro Woche. Das mag nicht viel sein. Allerdings lebst du zumeist im Haus der Gastfamilie und hast keine Ausgaben für Unterkunft und Verpflegung. So erlebst du den australischen Alltag aus nächster Nähe und kannst Geld beiseite legen.

Bau- und Minengewerbe

Bist du handwerklich geschickt und/ oder hast Berufserfahrungen als Tischler, Maurer oder auch Gerüstbauer, stehen deine Chancen gut, auf dem Bau einen gut bezahlten Job zu finden. Auch Hilfsarbeiten ohne Vorerfahrungen sind möglich, gerade zum Ende des Bauprojektes. Neben einer guten Fitness benötigst du die sogenannte White Card, siehe Seite 112.

Die riesigen Minenfahrzeuge sind respekteinflößend.

Ebenfalls stark nachgefragt, aber rar gesät, sind Arbeiten in den Minen. Die Bezahlung ist überdurchschnittlich, nur ebenso hoch sind auch die Anforderungen, sofern du nicht als Koch in der Kantine arbeiten möchtest. Gesucht werden meist ausgebildete Ingenieure, Techniker oder Fahrer, die für längere Zeit arbeiten. Durch Networking und Jobagenturen vor Ort kannst du mit viel Zielstrebigkeit und Biss einen Job in der Mine bekommen.

TIPP: Traffic Controller

Besonders populär sind Jobs als Verkehrskontrolleure. Dabei regelst du mit einem Stop/Slow-Schild den Verkehr an einer Baustelle und bist beliebtes Fotomotiv für Touristen.

Sonstige Jobs

Viele Backpackerjobs lassen sich keiner typischen Branche zuordnen. Einige Tätigkeiten sind alltäglich wie die Aushilfe im Supermarkt. Andere sind außergewöhnlich und typisch australisch wie die Arbeit auf einer Perlenfarm oder als Vortester im TV-Dschungelcamp. Hier daher noch einige Beispiele, worauf du dich freuen kannst:

- Reinigung auf einer Jakobsmuschel-Farm
- Fotograf auf Fringe Festival in Adelaide
- Verkauf lokaler Spezialitäten auf Markt in Melbourne
- Motel in Snowy Mountains renovieren/umgestalten
- Fließbandarbeit in DVD-Fabrik
- Christbaumkugeln personalisieren und verkaufen
- Mitarbeiter einer Umzugsfirma
- *rides operator* im Luna Park Sydney
- Campervans bei Autovermietung reinigen
- Arbeit im Drive-Thru-Bottleshop
- Gärtner: Rasen mähen, Unkraut jäten, Laub sammeln
- *fencing*: alte Zäune entfernen, neue aufstellen
- Arbeit im *racing stable*: Boxen aufbereiten, Pferde füttern, therapeutische Maßnahmen
- Kleidung auspacken und aufhängen im Marken-Outlet

Amelie K.: Putzjob in Western Australia

„Der Job war super lustig, weil er auch ganz anders war, als man sich einen klassischen Putzjob in Deutschland vorstellt […]. Wir haben zwar auch ab und an klassisch Bürokomplexe o. Ä. geputzt, aber hauptsächlich neu gebaute Häuser vor dem Erstbezug. Man beachte, dass nicht nur die Erde dort rot ist, auch der Staub in den Häusern ist rot und sitzt fest. Also haben wir bei teils enormen Temperaturen stundenlang Häuser von innen und außen von Baustaub befreit. Dazu sind wir auch ab und zu wochenweise in umliegende Gebiete gefahren und hatten recht einfache Unterkünfte. Ich erinnere mich noch an einen gewissen Frosch, der in Derby unter unserer Klobrille gelebt hat. Wenn wir nicht mit dem Hausputz beschäftigt waren, haben wir Flugzeuge geputzt und poliert. Dabei hat man die wildesten Maschinen kennen- und bedienen gelernt. Insgesamt blieb aber genügend Freizeit. Unser Boss hat uns oft die Gegend gezeigt oder wir durften auch sein Auto nutzen."

6.3 Unbezahlte Jobs

WWOOFing

WWOOFing steht für das landesweite Netzwerk **W**orld **W**ide **O**pportunities on **O**rganic **F**arms. Du arbeitest auf ökologisch geführten, kleineren Farmen und hilfst bei alltäglichen Arbeiten wie Tiere füttern, Ställe säubern, Früchte pflücken, Unkraut jäten, Haus putzen etc.

Heuballen verladen und an Farmen ausliefern

Die Arbeitszeit ist i. d. R. auf vier bis sechs Stunden pro Tag, maximal 38 Stunden pro Woche begrenzt. Anstelle eines Gehalts erhältst du Mahlzeiten und kostenfreie Unterkunft auf dem Farmgelände. WWOOFing ist eine einmalige Gelegenheit, Geld zu sparen und gleichzeitig authentische Einblicke in einen australischen Farmbetrieb zu erhalten.

Good to know: HelpX
Help Exchange funktioniert nach einem ähnlichen Prinzip. Du hilfst freiwillig für gratis Unterkunft und Verpflegung, allerdings nicht nur auf Farmen, sondern auch in Privathaushalten, in Bed & Breakfasts oder auf Segelbooten.

Um auf einer WWOOF-Farm arbeiten zu können, musst du eine einjährige Mitgliedschaft für derzeit 70 AUD (ca. 45 EUR) abschließen. Du bekommst Zugang zur Online-Datenbank mit registrierten Farmen und stellst den Kontakt her. Gemeinsam besprecht ihr deine Aufgaben und Arbeitszeiten, Mindest- und Maximalaufenthaltsdauer. Alles beruht unkompliziert auf Absprachen. Gefällt es dir nicht, kannst du jederzeit gehen.

Bis vor einigen Jahren konnten Backpacker WWOOFing für das Second Working Holiday Visa (siehe Seite 208) anrechnen lassen. Seit für die Verlängerung jedoch ausschließlich bezahlte Arbeit berücksichtigt wird, spüren WWOOF-Farmen einen starken Rückgang an freiwilligen Arbeitskräften. Kultureller Austausch ist manchem Backpacker leider nicht genug.

Carolin W.: WWOOFing

„Ich habe mir das WWOOF-Buch gekauft, [...] und ein bisschen durchgeblättert. Allerdings ist es ganz schön umfangreich [...]. Deshalb habe ich geschaut, ob es die Farm, bei der mein Bekannter auch war, noch gibt [...]. Und tatsächlich war sie noch eingetragen, also habe ich der Kontaktperson eine Mail geschrieben und hatte sofort eine Zusage [...]. Die Abstimmung, wann und wie lang, war sehr einfach und flexibel [...]. Ich war insgesamt nur zwei Wochen auf der Farm und hatte wirklich viel Freizeit bzw. konnte mir viele Dinge selbst aussuchen. Zu meinen Jobs gehörten vor allem Haushalts- und Gartenarbeiten – es war also alles andere als der klassische Farmjob. Die Farm bestand [...] vor allem aus ungenutzter Ackerfläche, großem Garten am Haus und einem Emu. Morgens und vormittags habe ich gearbeitet und hatte nachmittags und abends eigentlich immer frei. Heather und Jim haben mir richtig schöne Tage bereitet, indem sie mir den Luxus ihres Hauses (mit Infinitypool) zur Verfügung gestellt und mit mir Ausflüge gemacht haben. Ansonsten habe ich meine freie Zeit genutzt, um weitere Reiseplanung zu machen, Kontakte nach Hause zu pflegen und das Umland zu Fuß zu erkunden. [...]"

Volunteering

Auch bei der Freiwilligenarbeit verzichtest du auf ein Gehalt und engagierst dich für einige Tage oder Wochen für soziale Projekte oder im Umweltschutz. *Volunteer work* genießt in Australien einen hohen gesellschaftlichen Stellenrang. Die Einsatzgebiete sind dementsprechend vielfältig und reichen von der Reparatur von Zäunen in Nationalparks über das Pflanzen von Bäumen am Straßenrand bis hin zu gemeinsamen Aktivitäten mit älteren, alleinstehenden Menschen und Aushilfen bei lokalen Sport-Events.

Freiwilligenarbeit im Naturschutz

Für längere Projekte zahlst du i. d. R. einen Unkostenbeitrag für Unterkunft und Verpflegung. Bist du bereit, hart anzupacken, dafür jedoch keinen einzigen Dollar zu sehen, wirst du mit Eindrücken entlohnt, die unbezahlbar sind und ein „normaler Urlauber" so nie erlebt hätte.

6.4 Jobs mit Berufserfahrung

Als Backpacker übernimmst du i. d. R. Aushilfsjobs, die für einige Wochen bis Monate ausgelegt sind und wenig Vorkenntnisse erfordern. Sofern du nicht später einen eigenen Bauernhof betreiben oder als Restaurant-Fachfrau arbeiten möchtest, qualifizieren dich die typischen Work & Travel-Jobs kaum für einen späteren Beruf.

Die Nachfrage an Fachpersonal in bestimmten Branchen ist allerdings hoch: Allen voran Handwerker wie Tischler oder Maler sind umworben. Fachkräfte im Bereich der Gastronomie, IT oder im Marketing haben ebenfalls gute Chancen, einen Job zu finden, der nicht nur besser bezahlt ist, sondern auch Pluspunkte im Lebenslauf bringt.

Verfügst du über eine Fachausbildung bzw. Berufserfahrung, kannst du diese in Australien nutzen. Da du mit dem Working Holiday Visum maximal sechs Monate beim selben Arbeitgeber tätig sein darfst (siehe Seite 40), ist die Suche nach einem Job etwas herausfordernder. Einarbeitung und eventuelle Trainings nehmen viel Zeit in Anspruch. Fachkräfte werden zudem eher für längere Zeit statt nur einige Monate gesucht.

Es ist hilfreich, bereits vor Abreise Bewerbungen zu verschicken. Während Gelegenheitsjobs meist schnell vergeben werden, erfordern qualifizierte Posten ein Anschreiben, Interview, Bewerberrunden etc. Knüpfe bereits in der Heimat erste Kontakte und verweise auf deine baldige Einreise. Wenn es mit der bezahlten Arbeit nichts wird, kannst du ein Praktikum machen, um dich fortzubilden.

6.5 Jobsuche

Backpacker Jobs in Australien sind schnelllebig: Sie werden kurzfristig angeboten und sind ebenso schnell vergriffen. Bewirbst du dich erst morgen, weil du heute entspannt am Strand liegst, freut sich ein anderer bereits über die Zusage. Für die Jobsuche musst du deinen Allerwertesten hochbekommen.

Halte deine Augen offen bei der Jobsuche!

Auch Reiseagenturen stellen Backpacker ein.

Sei offen für jede Art von Arbeit, geduldig und flexibel bei der Suche. Versteife dich nicht darauf, unbedingt in einem Café in Melbourne oder auf einer Farm im Outback arbeiten zu wollen. Oft ergeben sich die von dir „fest eingeplanten" Jobs nicht, da du zur falschen Zeit am falschen Ort bist oder andere Bewerber besser sind.

TIPP: Jobvorbereitung schon vor Abreise

- Englischkenntnisse aufbessern
- ersten Überblick über Jobmöglichkeiten verschaffen
- Jobkurse absolvieren, siehe Seite 112
- Jobs annehmen, um zu sparen, aber auch um Erfahrungen zu sammeln, z. B. im Café

Zeige Eigeninitiative und nutze alle möglichen Kanäle. Wer sich nur online umschaut, kommt womöglich immer einen Klick zu spät. Wer nur Türklinken putzen geht, ist am Ende des Tages vor lauter Absagen völlig demotiviert. Lässt der nächste Job länger auf sich warten, gib nicht gleich auf. Ändere deine Prioritäten und probiere es weiter!

Cara W.: Tipps zur Jobsuche

„Nicht den Kopf in den Sand stecken! Ich hatte auch eine wirklich lange Phase in Melbourne, wo sich kein fester Job finden ließ. Dann habe ich einfach weitergemacht und auch mal Jobs angenommen, die vielleicht nicht ganz meiner Vorstellung entsprachen, z. B. wo man wirklich wenig verdient hat. Während man dann dort arbeitet, kann man ja weiterhin nach neuen Jobs suchen […]. Was meine Erfahrung auch gezeigt hat, ist, dass man immer viel mit Leuten über die Jobsuche reden sollte, vor allem im Hostel. Vielleicht kennt jemand jemanden, der sowieso bald die Stadt verlässt und ein Job frei wird oder weiß, dass hier oder dort gesucht wird. […] Und vielleicht als Letztes noch, dass man es auf mehreren Kanälen versucht. Einen meiner Jobs habe ich über das Internet gefunden, einen anderen durch einen Aushang im Hostel und wieder den anderen dadurch, dass ich persönlich herumgelaufen bin und gesucht habe. Nur vorm PC sitzen und ein paar CVs verschicken, bringt's nicht. Da muss man schon aktiver werden und vielleicht auch nochmal nachhaken, wenn man nach einiger Zeit nichts gehört hat. Die Masse macht's meistens und dann klappt das schon mit der Jobsuche."

Door-Knocking

Schnappe dir deinen Lebenslauf und gehe von einem Geschäft zum nächsten; aber möglichst nicht zu Stoßzeiten wie dem *morning run* auf Kaffee. Für Sprachhemmungen oder Schüchternheit bleibt keine Zeit. Erkundige dich höflich nach aktuellen Jobmöglichkeiten und frage nach dem Manager. Sprichst du einen beliebigen Mitarbeiter an, wissen diese oft nicht, ob Personal gesucht wird.

Bei solchen Aushängen sofort reagieren!

Aber sei gewarnt: Dein Frustlevel könnte ungeahnte Höhen erreichen. Dein Lebenslauf landet unkommentiert auf einem Stapel anderer Bewerbungen oder du hörst ständig *„Sorry, no staff required at the moment"*. Erwarte nicht, dass du nach drei besuchten Läden bereits zwei Angebote zum Probearbeiten hast. Du wirst viele Klinken putzen müssen, ehe sich eine Tür für dich öffnet.

Job Agencies

Private Jobagenturen sind in Australien ein bewährter Helfer, auch für Backpacker. Sie legen ein Bewerberprofil für dich an und suchen nach passenden Jobs. Einige Agenturen stellen ihren Service kostenfrei zur Verfügung, andere berechnen einen Mitgliedsbeitrag. Manche haben sich auf Backpackerjobs spezialisiert, andere auf bestimmte Branchen wie Pflege oder Bau. Anbieter siehe Anhang Seite 224.

Vereinbarst du einen Termin in einer Jobagentur, nimm deine Bewerbungsunterlagen mit und zieh nicht unbedingt deine lässigsten Klamotten an. Überlege dir zudem gut, welche Jobpräferenzen du angibst. Ein gleichgültiges „Ich mache alles" ist bei den Jobagenturen nicht gern gehört.

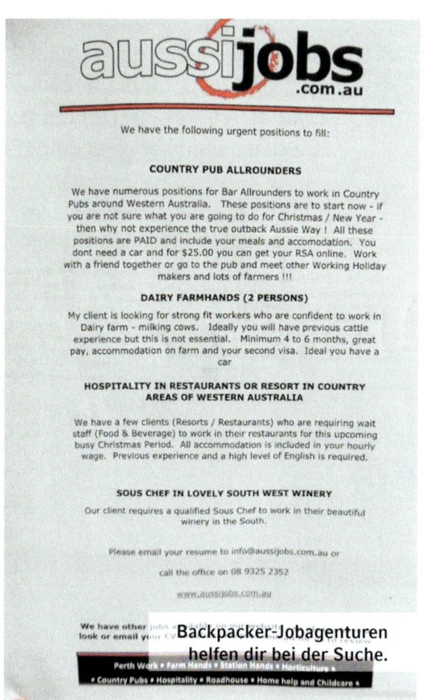

Backpacker-Jobagenturen helfen dir bei der Suche.

> **TIPP: Zeitarbeitsfirmen**
>
> Auch Zeitarbeitsfirmen wie Madec sind eine gute Anlaufstelle, gerade in ländlichen Gebieten.

In den Bibliotheken gibt es oft gratis Internet, um nach Jobs zu suchen.

Internet

Die große Mehrheit der Jobangebote findest du online. So schnell, wie sie eingestellt werden, sind sie auch wieder offline. Hier heißt es, klicken und scrollen, was das Zeug hält, und bei passender Stelle direkt Kontakt herstellen – am besten telefonisch und nicht per E-Mail.

> **TIPP: Facebook als Jobbörse**
> Unzählige Jobangebote findest du auf Facebook. Suche dazu einfach nach Gruppen zum Thema Backpacker Jobs Australien/Australia, Fruitpicking, Au-pair etc., auch auf die Region bezogen.

Neben allgemeinen Jobbörsen wie indeed gibt es Portale, die gezielt Angebote für Backpacker online stellen. Du findest sie im Anhang (Seite 224) aufgelistet. Unter ihnen ist Gumtree der populärste Betreiber. Hier kannst du neben Autos, Kleidung und Campingequipment auch nach deiner nächsten Arbeit suchen.

> **TIPP: Eigene Anzeige**
> Statt nach Stellenangeboten zu suchen, kannst du auf Gumtree auch deine eigene Anzeige einstellen. Vermarkte dich gut und die Jobangebote kommen zu dir.

Jobanzeige am Schwarzen Brett

Schwarze Bretter/Job Boards

An den Schwarzen Brettern der Hostels, Supermärkte oder Internetcafés findest du das ein oder andere tolle Jobangebot. Wenn du schon mal da bist, kannst du die Angestellten ebenso nach Jobmöglichkeiten in der Umgebung fragen. Denn man weiß ja nie, ob wer jemanden kennt, der jemanden kennt, der gerade sucht.

Word of Mouth

Backpacker sind eine eingeschworene Community, die sich gegenseitig mit Tipps und Tricks versorgt – auch zur Jobsuche. Frage andere Traveller nach ihren Jobs bzw. lass sie wissen, dass du gerade nach Arbeit suchst. Vielleicht geben sie dir die Kontaktdaten ihrer ehemaligen Arbeitgeber oder haben andere Ratschläge. Viele Work & Traveller suchen zudem selbst einen Nachfolger, wenn ihre Reise weitergeht – gerade im Bereich Farmwork und Au-pair. Also Ohren offenhalten.

Zeitungen/Magazine

Es mag einer der altmodischsten Wege der Jobsuche sein: Auch in den Tageszeitungen erwartet dich so manches passendes Jobangebot. Ein bis zweimal die Woche veröffentlichen Zeitungen wie der Sydney Morning Herald oder The Age Beilagen mit Stellenanzeigen. Schließe nicht unbedingt gleich ein Abo ab, aber wenn du irgendwo eine Zeitung herumliegen siehst, schau dir ruhig die Jobanzeigen an. Eine weitere Alternative sind Backpacker-Magazine wie das TNT-Magazin.

Backpacker-Büros

Hast du deinen Work & Travel-Aufenthalt über eine Organisation oder andere Anbieter gebucht, ist in den Leistungen zumeist der Zugriff auf eine Jobdatenbank enthalten. Zudem erhältst du Unterstützung durch das Partnerbüro vor Ort, dessen Mitarbeiter dir bei der Erstellung deiner Bewerbungsunterlagen helfen und dir Tipps zur Jobsuche geben.

Backpacker-Büro in Melbourne

Auch ohne Organisation kannst du dich vor Ort an Backpacker-Büros wenden, die in den größeren Städten vertreten sind.

TIPP: Erfolg bei der Jobsuche

- Eigeninitiative zeigen
- Geduldig sein. Unter vielen Absagen wartet DIE eine Zusage.
- In Touristeninformationen nachfragen. Die Mitarbeiter haben einen Überblick über aktuelle Jobmöglichkeiten wie Events.
- Nicht nur im Stadtzentrum, sondern auch in Vororten suchen.
- Probearbeit anbieten.
- Am Ball bleiben und einige Tage später nachhaken.
- Lieber anrufen statt E-Mail schreiben.
- Zu bestimmten Saisons nach Jobs suchen, z. B. Weihnachtsgeschäft in Großstädten.
- Wenn kein Erfolg bei der Jobsuche: weiterreisen!

Bei Erntejobs kommt es auf das Timing an.

Tipps für Erntearbeit

Für die erfolgreiche Suche nach *fruitpicking*-Jobs ist in erster Linie gutes Timing entscheidend. Das Wetter gibt den Ton an. Im schlechtesten Fall startet die Ernte Wochen später als erwartet oder endet frühzeitig.

Grundsätzlich findest du Ernte- und Farmjobs genauso wie andere Arbeiten, doch es gibt weitere Möglichkeiten. So bieten sogenannte Working Hostels nicht nur Unterkünfte an, sondern vermitteln auch Jobs. Dafür kooperieren sie mit Arbeitgebern der Region, zumeist landwirtschaftlichen Betrieben. Oft bringen Shuttlebusse die Backpacker von der Unterkunft zur Farm und nach Feierabend wieder zurück. Bevor du in einem Working Hostel eincheckst, informiere dich, ob in der Region gerade Arbeitskräfte gesucht werden bzw. eine Erntesaison ansteht. Leider gibt es einige schwarze Schafe unter den Working Hostels, siehe Seite 118.

- Wenn du ein eigenes Auto hast, fahre direkt zur Farm und frage nach einem Job.
- Erkundige dich alternativ telefonisch bei der Farm. Die Kontaktdaten erhältst du u. a. in den Gelben Seiten (*yellow pages*).
- Orientiere dich bezüglich der Erntezeiten am Harvest Guide, siehe Seite 91.
- Kontaktiere die Harvest Trail Hotline 1800 062 332 und erkundige dich nach aktuellen Ernteprognosen.
- Apps wie 88 Days to Work listen Farmen auf, die zur Ausstellung des Second/Third Working Holiday Visa (siehe Seite 229) berechtigen.

6.6 Bewerbung & Interview

Als Work & Traveller musst du dich nicht immer schriftlich bewerben. Für Ernte- und Farmjobs reicht meist ein Anruf bzw. ein kurzes persönliches Gespräch statt einer Bewerbungsmappe. Für eine Vielzahl an Tätigkeiten bewirbst du dich wie auch hierzulande ganz förmlich mit Anschreiben und Lebenslauf – natürlich in Englisch. Dein Erfolg bei der Jobsuche hängt auch davon ab, wie du dich verkaufst. Nimm das Bewerbungsschreiben daher nicht auf die leichte Schulter.

TIPP: Vorbereitung zu Hause
Bereite deine Bewerbungsunterlagen bereits vor Abreise vor und speichere sie ab. Nach Ankunft in Australien brauchst du sie nur noch auszudrucken und kannst sofort mit der Jobsuche beginnen.

Australische Bewerbungen unterscheiden sich von unseren. Es ist z. B nicht üblich, der Bewerbung ein Foto oder Arbeitszeugnisse beizulegen. Dafür haben Referenzen einen höheren Stellenrang. Auch der Lebenslauf ist detaillierter und bedeutender als das Anschreiben.

Lebenslauf

Der Lebenslauf heißt im Englischen *curriculum vitae*, kurz CV oder auch *resume*. Darin fasst du übersichtlich und detailliert deine Qualifikationen zusammen. Er ist quasi deine Eintrittskarte zum Jobinterview bzw. zur Probearbeit. Umso wichtiger ist es, dass du deinen CV nicht nur inhaltlich, sondern auch optisch ansprechend aufbereitest. Weniger ist meist mehr.

Good to know: Unterschiede
Angaben zum Alter bzw. Familienstand sind nicht nötig. Zudem ist der australische Lebenslauf anti-chronologisch: An erster Stelle steht der aktuelle bzw. letzte Job und höchste Abschluss.

Dein CV sollte für Gelegenheitsjobs etwa zwei Seiten umfassen, für höherqualifizierte Jobs bis zu fünf Seiten. Konzentriere dich auf das Wesentliche, aber erwähne alles Wichtige. Gerade die Jobangaben sind deutlich detaillierter als bei uns üblich. Bist du gerade erst von der Schule gekommen und/oder hast nicht viel Berufserfahrung, stelle deine individuellen Fähigkeiten in den Mittelpunkt. Oder hebe allgemeine Erfahrungen hervor, die ebenso wichtig für den neuen Job sind, z. B. der Umgang mit Kunden.

TIPP: Ehrlichkeit währt am Längsten
Auch wenn mancher Backpacker seinen Lebenslauf aufmotzt, um seine Chancen zu erhöhen, versuche, halbwegs bei der Wahrheit zu bleiben. Ebenso oft geflunkert wird bei der möglichen Einsatzdauer. Viele Arbeitgeber suchen für **min**destens drei Monate. Planst du, nach wenigen Wochen weiterzuziehen, sei so fair, das beim Interview zu sagen.

Muster Lebenslauf

Name
Adresse
E-Mail, Telefonnummer

Schreibe unbedingt deine australischen Kontaktdaten auf, nicht deine deutschen! Die Adresse ist nebensächlich: Wenn sie dich kontaktieren, dann telefonisch oder per E-Mail.

Career Objektive

Benenne die Stelle, auf die du dich bewirbst und beschreibe dich bzw. deine Motivation sowie Kenntnisse in drei bis vier Sätzen. Erwähne, dass du mit Working Holiday Visum reist, wie lange du arbeiten und wann du anfangen kannst.

Key Strengths/Skill Summary

Führe stichpunktartig deine Fähigkeiten und Stärken auf. Ggf. in zwei Punkte trennen.

Employment History/Qualification

Beschreibe detailliert deine bisherigen Jobs, beginnend mit dem letzten. Benenne alternativ deine Erfahrungen, Nebenjobs o. Ä. (z. B. Aushilfe im Café, Babysitting, Ehrenamt). Liste diese jedoch nach Relevanz und weniger nach Chronologie.

- **Job-Bezeichnung** – Firmenname, Ort, MM/JJJJ – MM/JJJJ:
  Aufgaben 1
  Aufgaben 2 ...
- **Job-Bezeichnung** – Firmenname, Ort, MM/JJJJ – MM/JJJJ:
  Aufgaben 1
  Aufgaben 2 ...

Education and Training

Mache Angaben zur Schul- und Berufsausbildung, beginnend mit dem letzten Abschluss, max. bis zur weiterführenden Schule und fasse dich kürzer als bei den Berufserfahrungen.

- **Universität,** Ort, MM/JJJJ – MM/JJJJ
  Abschluss
- **Schule,** Ort, MM/JJJJ – MM/JJJJ
  Abschluss

Additional Skills

Liste sämtliche Zusatzqualifikationen auf wie Sprach- und Computerkenntnisse, Jobzertifikate, Führerschein, Erste-Hilfe-Kurs.

Hobbies and Interests
Führe nur Hobbys auf, die in Bezug zum Job stehen. Oder lass sie ganz weg.

References/Referees
Gib zwei bis drei Kontaktpersonen inklusive Position, Telefonnummer und E-Mail an oder schreibe „References available upon request" (Kontakte auf Nachfrage).

Für Jobs in Cafés oder Restaurants kannst du bei der Suche einfach von Tür zu Tür laufen.

Anschreiben

Das Anschreiben, *cover letter* genannt, benötigst du nicht immer. Gehst du beispielsweise von Tür zu Tür und fragst nach Jobs, reicht der Lebenslauf aus. Während der CV die harten Fakten deiner Jobqualifikation auflistet, weckst du mit dem *cover letter* zusätzliches Interesse an deiner Person.

Das Anschreiben umfasst max. eine Seite. Formuliere den Text nicht zu geschwollen und beantworte darin folgende Fragen:

- Für welche Stelle bewirbst du dich?
- Wie hast du von der Stellenanzeige erfahren?
- Warum möchtest du den Job?
- Warum sollte die Firma gerade dich einstellen?

Bringe auf den Punkt, warum du der *perfect match* für genau diese Stelle bist. Mit einem 08/15- Anschreiben, das du sowohl für den Job als Barkeeper als auch für die Baufirma abschickst, wirst du keinen Erfolg haben.

Muster Anschreiben

Name
Adresse
E-Mail
Telefonnummer

Datum

Kontaktname
Firmenname
Adresse

Dear XX (*Finde den Ansprechpartner heraus, persönliche Anrede ist immer besser.*)

RE: Jobbezeichnung (*ggf. mit Referenznummer aus Anzeige*)

I am writing to apply for the position of … as advertised …

Beschreibe dich und deine Kenntnisse: Warum möchtest du den Job und warum bist du dafür geeignet.

I have enclosed my resume to support my application. It shows that I would bring important skills to the positions ...

I am in Australia on a working holiday visa … (*Gib an, dass du ein Work & Traveller bist und für wie lange du noch bleiben kannst bzw. den Job ausüben möchtest. Dabei solltest du fairerweise nicht lügen.*)

Thank you for considering my application. I look forward to hearing from you.

Yours sincerely,
Name

Enclosure: Resume/CV (Anhang)

LINK: Vorlagen

- seek.com.au/career-advice: Hier kannst du dir Vorlagen sowohl für den CV als auch den *cover letter* herunterladen.

Referenzen & Zeugnisse

Bei den *references* handelt es sich weniger um Arbeitszeugnisse. Vielmehr geht es darum, deinen Charakter zu beschreiben. Sie können vom Trainer deines Sportvereins oder deinem Professor ausgestellt werden. Schriftliche Referenzschreiben starten mit der Einleitung „*To whom it may concern*". Alternativ kannst du im CV Kontaktpersonen, also *referees*, angeben. Auch wenn es selten ist, dass sich australische Arbeitgeber bei ausländischen Kontaktpersonen melden, führe diese im Lebenslauf auf. Solltest du keine Referenzen haben – *no worries*. Sie sind vorrangig bei höherqualifizierten Jobs entscheidend.

Abschlusszeugnisse kannst du getrost zu Hause lassen. Packe Arbeitszeugnisse, sei es von Nebenjobs oder der Ausbildung, ein, wenn du planst, im entsprechenden Bereich zu arbeiten. Füge sie einer Bewerbung jedoch nur bei, wenn dies verlangt wird, sonst zeige sie erst beim Interview.

Denke daran, sowohl Referenzen als auch Zeugnisse ins Englische zu übersetzen. Sie müssen nicht unbedingt beglaubigt sein. Übersetze die Schreiben einfach selbst und lasse sie von deiner Firma bzw. Kontaktperson unterschreiben und/oder auf Geschäftspapier drucken.

Interview

Wirst du zum Interview eingeladen, bereite dich auf das Gespräch vor. Lege dir vorab Antworten auf mögliche Fragen zurecht oder überlege dir selbst Fragen, um dein Interesse zu bekunden. Informiere dich über dein Aufgabenfeld, um nicht völlig ahnungslos aufzutreten. Nimm zudem deine Bewerbungsunterlagen samt Referenzen und Zeugnisse, falls vorhanden, mit.

Ebenso wichtig sind eine gepflegte Erscheinung und natürliches Auftreten. Auch wenn du als Backpacker kaum schicke Kleidung im Gepäck hast, erscheine nicht unbedingt in Flipflops und Surfershorts beim Interview. So zwanglos der Australier sein mag, beim Job ist auch hier der erste Eindruck entscheidend.

6.7 Jobkurse

Für einige Jobbranchen musst du ein Training absolvieren bzw. ein Zertifikat erlangen, das dich zur Ausübung dieser Tätigkeit berechtigt.

RSA-Zertifikat

Das RSA-Zertifikat steht für *responsible service of alcohol*. Du benötigst es für Arbeiten im Restaurant, *bottle shop* oder auch auf einem Festival – also überall dort, wo Alkohol ausgeschenkt bzw. verkauft wird.

Im Kurs geht es weniger darum, wie du Cocktails filmreif mixt oder das Bier mit möglichst wenig Schaumkrone zapfst. Vielmehr lernst du, Alkohol verantwortungsbewusst auszuhändigen und erfährst, wie du mit angetrunkenen Gästen umgehst oder welche Konsequenzen dir bei Verstoß drohen. Der RSA-Kurs kostet 50 bis 150 AUD (ca. 30 bis 100 EUR).

RSG/RCG-Zertifikat

Für die Arbeit in einem Betrieb mit Wett- oder Spielautomaten benötigst du die *responsible service-* bzw. *conduct of gambling*-Berechtigung. Im Kurs erlernst du u. a. die rechtlichen Rahmenbedingungen und die Anzeichen für Spielsucht. Was du nicht lernst, ist, mit welchen Tricks du beim Glücksspiel deine Reisekasse aufbesserst. Für die RSG-Prüfung musst du ebenfalls zwischen 50 und 150 AUD (ca. 30 bis 100 EUR) bezahlen, je nach Anbieter und Staat.

Belege einen Kurs, um als Traffic Controller arbeiten zu können.

White Card

Für Arbeiten auf der Baustelle ist die White Card nötig. Sie wird auch als Construction Induction Card bezeichnet. Kursinhalte sind die Sicherheit am Arbeitsplatz: Welche Arbeitskleidung ist angebracht, wie gehst du mit den Arbeitsmaterialien um, wie vermeidest du Unfälle? Die White Card kostet zwischen 60 und 120 AUD (ca. 40 bis 70 EUR).

Traffic Controller-Kurs

Jobs im Straßenbau sind unter Backpackern heiß begehrt. Deine Arbeit besteht darin, mit einem Stopp-Zeichen ausgerüstet den Verkehr entlang einer Baustelle zu regeln. Im entsprechenden Kurs lernst du alles rund um die Sicherheit im Straßenverkehr bzw. auf der Baustelle. Der Kurs ist nicht billig: Im Schnitt liegt die Gebühr bei ca. 200 AUD (ca. 120 EUR).

Weitere Kurse

Es gibt Jobkurse, die nicht gesetzlich vorgeschrieben sind, dir aber womöglich Vorteile bringen wie ein Barista-, Cocktail- oder Gabelstaplerkurs. Mit ihnen hebst du dich nicht nur von anderen Bewerbern ab, sondern eignest dir auch wichtige Kenntnisse an, die dir deine Arbeit erleichtern – gerade, wenn du unerfahren bist.

Gültigkeit & Beantragung

Die gesetzlich vorgeschriebenen Kurse sind nicht immer landesweit gültig. Die RSA-Zertifikate der anderen Bundesstaaten gelten beispielsweise nicht in New South Wales. Im Zweifelsfalle musst du mehrere Zertifikate beantragen.

Das Training findet im Kursraum und/oder online statt. Auch hier gibt es Ausnahmen: So kann z. B. das RSA-Zertifikat in Victoria nicht online erlangt werden. Während die persönlichen Kurse meist nur in den größeren Städten angeboten werden und mitunter bis zu acht Stunden dauern, sind die Onlinekurse kürzer, günstiger und flexibler. Anbieter findest du im Anhang.

Belegst du einen Vorbereitungskurs bereits vor der Jobsuche, kannst du in deinem CV vermerken, dass du das benötigte Zertifikat schon hast. Es ist sogar möglich, einige Kurse vor Ankunft in Australien zu absolvieren.

> **TIPP: USI-Nummer**
> Beim Onlinekurs wirst du ggf. nach der Unique Student Identifier-Nummer gefragt. Du kannst sie unter usi.gov.au/students/create-usi beantragen (Internationaler Student angeben).

6.8 Verdienst & Steuern

Verdienst

Bezahlung pro Stunde

Der Mindestlohn in Australien beträgt bei Voll- bzw. Teilzeitarbeiten 19,49 AUD/Stunde (ca. 12 EUR) bzw. 24,36 AUD brutto (ca. 15 EUR) für Aushilfsjobs (Stand August 2019). Dieser wird jährlich durch die Fair Work-Kommission neu festgelegt. Auch Work & Traveller fallen unter die Mindestlohnregelung. Abhängig von Tarifverträgen, Position, Qualifikation und Alter fällt der Stundenlohn höher oder ggf. geringer aus, z. B. für Auszubildende oder Arbeiter unter 21 Jahren. Auch der Arbeitsort ist entscheidend – so verdienst du auf dem Land meist weniger als in der Stadt.

Für die Arbeit an Wochenenden bzw. Feiertagen sowie für Einsätze in Spät- oder Frühschichten gibt es mitunter Zuschläge (*penalty rates*), die durchaus dem doppelten Stundenlohn entsprechen. Auch Überstunden werden meist höher vergütet. Informiere dich vor Jobzusage nach den Details deiner Bezahlung.

Nicht immer stimmt die Theorie mit der Realität überein. Wie auch hierzulande kann die Bezahlung mitunter überdurchschnittlich, aber auch unterirdisch sein. Peile Jobs mit einem Stundenlohn von ca. 21 AUD (ca. 13 EUR) an.

Bezahlung nach Akkord

Bei der Erntearbeit und in den Fabriken ist es durchaus üblich, dass *per piece,* also pro Stück bezahlt wird. In diesem Fall gibt es einen festen Verdienst pro Korb/Kiste/Kilogramm, nicht pro Stunde.

Die Bezahlung nach Stückrate ist sehr umstritten. Gerade unerfahrene Backpacker können nicht einschätzen, ob der gezahlte Lohn einen hohen Verdienst abwirft oder nicht. Wer weiß schon, wie viele Äpfel er pro Stunde pflücken kann, wenn er das noch nie gemacht hat? Einige haben schnellere Hände, andere tun sich mit der Arbeit in der prallen Sonne schwer. Eine „sichere" Bezahlung pro Stunde ist generell einer Bezahlung nach Akkord vorzuziehen.

Manuela B.: Bezahlung pro Kilogramm

„Wir sind [...] auf einer Blaubeerfarm und arbeiten acht Stunden am Tag, sechs Tage die Woche. Beim picking *verdient man pro Kilo und der Boss bezahlt zwischen 2 und 5 AUD, aber meistens um die 3 AUD. Abzocke finde ich das [...] keine, denn wenn man wirklich arbeitet, schafft man es schon, viele Kilos zu pflücken (50 bis 80 Kilogramm oder mehr). Einige machen nach jeder Stunde Pause und beschweren sich, dass sie zu wenig verdienen."*

Wer schnell und fit ist, kann bei einer angemessenen Bezahlung pro Stück in kurzer Zeit ordentlich Geld machen – zum Teil mehr, als mit einem Stundenlohn. In den letzten Jahren machten allerdings vermehrt Storys die Runde, dass Backpacker ausgebeutet wurden (siehe Seite 117). Wirst du nach Stück bezahlt, rechne deinen Verdienst in den Stundenlohn um. Ist dieser weit unter dem nationalen Mindestlohn, suche dir einen anderen Job.

Bezahlung mit inkludierter Unterkunft und Verpflegung

Arbeitest du in einem Country Pub, Roadhouse oder als Au-pair, ist der Mindestlohn nur ein Richtwert für dich. Pro Woche verdienst du mitunter deutlich weniger, zahlst aber nichts für Essen und Unterkunft. Du hast also deutlich geringere Ausgaben und kannst deinen Verdienst beiseite packen für das nächste Tourabenteuer.

LINK: Fair Work Australia

- fairwork.gov.au/pay: Infos zum Mindestlohn, Tarifverträgen, Zuschlägen etc.

Bezahlung

Das Gehalt in Australien wird pro Woche oder alle zwei Wochen ausgezahlt, nur in den seltensten Fällen pro Monat. Du erhältst vom Arbeitgeber einen Gehaltszettel (*payslip*), auf dem dein Verdienst und die abgeführten Steuern aufgeführt sind. Beendest du deinen Job, bekommst du eine *payment summary*, die neben Angaben zum Arbeitgeber auch Gesamtverdienst und Steuern auflistet. Du solltest auf die Aushändigung sowohl der *payslips* als auch *payment summary* bestehen und diese gut aufbewahren, da sie wichtig für die Steuererklärung sowie die Bewerbung für das Second/Third Working Holiday Visa sind, siehe Seite 208.

Steuern

Du zahlst auf dein Gehalt Lohnsteuern, die automatisch abgezogen werden. Anders ist es bei Jobs, bei denen du bar bezahlt wirst. Diese sind jedoch nicht üblich – und auch nicht immer ganz legal. Beginnst du einen neuen Job, teilst du deinem Arbeitgeber deine australische Steuernummer mit, siehe Seite 84.

Steuersatz

Du zahlst ab dem ersten verdienten Dollar 15 Prozent Steuern – bei einem Wochenverdienst von 1000 AUD also 150 AUD. Bei einem Jahreseinkommen zwischen 37.001 AUD und 90.000 AUD steigt der Steuersatz auf 32,5 Prozent, darüber auf bis zu 45 Prozent. Ein Anspruch auf einen Freibetrag besteht nicht.

Arbeitest du ohne gültige Steuernummer, führst du 45 Prozent Steuern ab. Ebenfalls teurer wird es für dich, falls dein Arbeitgeber sich nicht bei der Steuerbehörde (ATO) für die Beschäftigung von Work & Travellern registriert hat. In diesem Fall zahlst du 32,5 Prozent. Versichere dich diesbezüglich auf jeden Fall bei deinem Chef!

Urban Myths: Steuerfreibetrag für Backpacker?

Bis 2016 galten Backpacker als *non-residents* und zahlten bis zu einem Jahreseinkommen von 80.000 AUD offiziell einen Steuersatz von 32,5 Prozent. Hielten sie sich jedoch mindestens sechs Monate am gleichen Ort auf, wurden sie mitunter als *residents for tax purposes* eingestuft. Dadurch profitierten sie von einem Freibetrag i. H. v. 18.200 AUD. Erst ab einem Jahresverdienst von 18.201 AUD zahlten sie 19 Prozent Steuern (bis 37.000 AUD, darüber 32,5 Prozent). Seit der Steuerreform 2015/2016 ist dieser Freibetrag für Backpacker i. d. R. nicht mehr anrechenbar.

Steuererklärung

Das australische Steuerjahr geht vom 1. Juli bis 30. Juni des Folgejahres. Hast du mehr als 37.000 AUD im Steuerjahr verdient, bist du gesetzlich verpflichtet, eine Steuererklärung in Australien einzureichen. Bei einem niedrigeren Jahreseinkommen kannst du dir den bürokratischen Aufwand sparen. Mit dem Wegfall des einstigen Freibetrages ist es unwahrscheinlich, dass du einen Teil der Steuern zurückerhältst. Nur wenn du deutlich über dem Durchschnitt verdient oder zu viel Steuern bezahlt hast bzw. Arbeitskleidung etc. absetzen kannst, darfst du auf eine Erstattung hoffen.

Die Formulare für den *tax return* sind in den Postämtern, Zeitungsläden oder auf der Website der ATO erhältlich. Bis zum 31. Oktober muss die Steuererklärung nach Ablauf des Steuerjahres eingereicht werden, sonst drohen Verzugsgebühren. Verlässt du das Land vor dem 30. Juni, kannst du die Steuererklärung vorzeitig abgeben. Hast du sowohl vor dem 30. Juni als auch danach gejobbt, musst du separate Steuererklärungen für beide Jahre abgeben.

LINK: ATO

- ato.gov.au/Individuals/lodging-your-tax-return

Tax Agencies

Für Aufwandserleichterung sorgen auf Backpacker spezialisierte *tax agencies* wie Taxback oder Pinkcow. Sie übernehmen die Steuererklärung und schicken sie an das Finanzamt. Nach Abschluss bekommst du den Betrag auf dein Konto zurücküberwiesen, abzüglich einer Bearbeitungsgebühr (ca. 8 Prozent).

Urban Myths: Hohe Steuererstattungen

Die Websites der *tax agencies* versprechen irreführenderweise nach wie vor hohe Rückerstattungen. Sie beziehen sich meist auf den entscheidenden „*resident status*". Dieser wird einem Backpacker seit der Steuerreform aber nur in wenigen Ausnahmefällen zugesprochen. Die ATO hat auf ihrer Website sehr verständliche Beispiele dafür aufgeführt:

- ato.gov.au/Individuals/Ind/Resident-for-tax-if-WHM-/?=redirected#

Superannuation

Verdienst du im Monat mehr als 450 AUD (ca. 280 EUR), ist dein Arbeitgeber gesetzlich verpflichtet, 9,5 Prozent des Bruttogehalts (zusätzlich zum Verdienst) in einen sogenannten *superannuation account*, einen Rentenfonds, einzuzahlen. Hast du bei deiner Bankkontoeröffnung nicht zugleich einen *super account* eröffnet, zahlt dein Arbeitgeber den Beitrag in einen Rentenfonds seiner Wahl ein.

Sobald du deinen Aufenthalt in Australien beendest, kannst du deine angesparte Superannuation über die ATO oder eine *tax agency* zurückfordern. Allerdings muss die Summe versteuert werden – mit einem Steuersatz von 65 Prozent! Viel bleibt da nicht übrig.

6.9 Exkurs: Ausbeutung im Job

Ernte- und Farmarbeit sind ein Work & Travel-Erfolgsgarant: Die Land- und Viehwirtschaft ist auf Backpacker als Arbeitskräfte angewiesen, der Backpacker wiederum benötigt den Job für die Finanzierung seiner Weiterreise und/oder für sein Second/Third Working Holiday Visa (siehe Seite 208). Eine Zusammenarbeit, die in den allermeisten Fällen hervorragend funktioniert. Leider schrecken einige Arbeitgeber vor Ausbeutung sowie Betrug nicht zurück. In den letzten Jahren deckten mehrere Studien und Umfragen zum Teil bedenkliche Arbeitsbedingungen auf:

- unregelmäßig oder nicht gezahlter Lohn
- unter Mindestlohn liegende Bezahlung, vor allem bei Akkord-Verdienst
- fehlende Arbeitsverträge, Lohnzettel etc.
- lange Arbeitszeiten, keine oder nur kurze Pausen
- mangelhafte oder überfüllte Unterkunft
- Beleidigungen bzw. Drohungen bei Nachfragen oder Beschwerden
- Erpressung: Wer kündigt, bekommt Kaution für die Unterkunft nicht zurück oder erhält keine Nachweise für die gewünschte Visumsverlängerung.

Davon betroffen sind neben Backpackern auch internationale Studenten und andere Gastarbeiter aus Übersee. Die Beschwerden treten nicht nur im landwirtschaftlichen Sektor, sondern auch bei Jobs in der Gastronomie, im Reinigungsbereich oder auf dem Bau auf. Besonders häufig geht es um den Verdienst. Gerade bei der Bezahlung nach Akkord besteht das Risiko, dass der ausgezahlte Lohn nur ein Bruchteil des für die Branche geltenden Mindestlohns beträgt (ca. 21 AUD/Stunde).

Jobs auf dem Land sind manchmal leider unterbezahlt.

Manuela B.: Ausbeutung

„Wir waren auf einer Erdbeerfarm. Das war Abzocke. Wir verdienten 30 AUD in acht Stunden. Dann landeten wir in einem Working Hostel, wo man nach einem Monat noch kein Geld gesehen hat und Hungerlohn-Arbeiten bekam. Also gut informieren, wie viel man verdient, andere Backpacker nach ihren Erfahrungen fragen und Bilder der Farm zusenden lassen."

Schwarze Schafe

Die Übeltäter sind zumeist nicht die Chefs bzw. Farmer, sondern die beauftragten Jobvermittler wie Working Hostels oder private Arbeitsagenturen. Sie kümmern sich um die Suche nach Arbeitskräften und übernehmen die Personalverwaltung, also auch die Lohnzahlung.

Working Hostel in Mildura, Victoria

Einige schwarze Schafe verlangen eine Gebühr von mehreren hundert Dollar für die Jobsuche, doch der Job folgt erst Wochen später, wenn überhaupt, und ist schlecht bezahlt. Andere warten vergeblich auf die Auszahlung ihres Lohns. Auch Überstunden werden mitunter nicht berücksichtigt. Wird neben der Arbeit zugleich die Unterkunft vermittelt, reißen im Voraus kassierte Mieten oder horrende Kautionen große Löcher in die Ersparnisse.

Stillschweigen der Backpacker

Nur wenige Backpacker handeln. Oft fehlt das Wissen über Mindestlöhne, die Arbeitsbedingungen werden nicht hinterfragt bzw. als normal unter Backpackern angesehen. Auch die knappen Ersparnisse führen dazu, dass jeder Job angenommen und durchgezogen werden muss. Aus Sorge vor dem bürokratischen Aufwand oder hohen Anwaltskosten schweigen die Betroffenen. Hinzu kommen Sprachbarrieren und die Angst, bei Beschwerde den Job zu verlieren oder die nötigen Nachweise für die Beantragung des Second/Third Working Holiday Visa nicht zu erhalten, siehe Seite 208.

TIPP: Kein Second Year trotz Erntearbeit

Die australische Regierung behält sich vor, Anträge für das Second/Third Working Holiday Visa abzulehnen, sofern die Arbeitsrichtlinien wie Mindestlohn und Pausen nicht eingehalten wurden.

Möglichkeiten zum Handeln

Als Backpacker hast du die gleichen Arbeitsrechte wie Australier. Rechtsbeistände wie Fair Work Ombudsman informieren und beraten dich kostenfrei über deine Rechte. Über ein Kontaktformular bzw. eine Hotline kannst du dich, auch in Deutsch, bei Zweifel an deiner Bezahlung o. Ä. jederzeit an die Behörde wenden.

LINK: Fair Work Ombudsman

- fairwork.gov.au

Auch wenn du nur Gast im Land bist, ist das kein Freibrief für die Ausbeutung deiner Arbeitsleistung. Hinterfrage deine Jobbedingungen und nimm diese nicht einfach hin. Damit ist keinem Backpacker geholfen – schon gar nicht dir.

TIPP: Ausbeutung vermeiden

- Informiere dich über deine Arbeitsrechte. Wissen ist Macht!
- Lasse dich nicht auf Jobangebote an Flughäfen oder Busdepots ein.
- Hinterfrage Jobanzeigen, die nur Vornamen und/oder Handynummer angeben.
- Suche online nach Feedback anderer Backpacker bzw. teile dort deine Erfahrungen.
- Nutze bei der Suche nach Erntearbeit den offiziellen Harvest Trail Guide (siehe Seite 91).
- Frage, für wen genau du arbeitest: Firmenname oder ABN notieren.
- Führe Buch über deine gearbeiteten Stunden, deinen Arbeitsort und deine Aufgaben.
- Bestehe auf schriftliche Arbeitsbestimmungen und Gehaltsnachweise.
- Rechne deinen Akkordlohn auf die Stunde hoch. Du solltest bei normaler Arbeitsleitung auf ca. 21 AUD/Stunde kommen.
- Lasse dich nicht auf eine Bezahlung *„paid in-kind"* ein, z. B. Bezahlung in Lebensmitteln.

Quellen: Zum Nachlesen

- Wage Theft in Silence, University of New South Wales & University of Technology Sydney, 2018
- Harvest Trail Inquiry, Fair Work Ombudsman, 2018
- A National Disgrace: The Exploitation of Temporay Work Visa Holders, Senate Standing Committee on Education and Employment, 2016

7. Arbeiten & Reisen

Die Westküste (hier Küste bei Broome) bleibt leider von vielen Work & Travellern unentdeckt.

7. Arbeiten & Reisen

Man könnte meinen, die Wege der Work & Traveller kreuzen sich im sechstgrößten Land der Erde nur selten. Australien bietet mit 7,69 Millionen Quadratkilometern mehr als genug Freiraum. In der Praxis hingegen bestimmen nicht etwa die Wanderlust, sondern vielmehr die Infrastruktur, das Sightseeing-Programm und vor allem die Arbeitssuche deinen Reiseverlauf. So sind die Backpackerpfade auf dem Fünften Kontinent trotz seiner riesigen Ausmaße durchaus eingetreten.

7.1 Die perfekte Reiseroute

Na, möchtest du auch in Sydney starten?

Maßgeblich für deinen Erfolg bei der Jobsuche sind u. a. der Aufenthaltsort und die Saison. Deine Reiseroute sollte sich also möglichst nicht nur an Traumstränden, Partydichte und Großstadttrubel orientieren, sondern auch die Jobmöglichkeiten vor Ort berücksichtigen.

Reise möglichst mit der Hochsaison. So kommst du nicht nur in den Genuss des besten Wetters, sondern auch der größten Arbeitsvielfalt. Die Hochsaison bringt Urlauberhorden, diese sorgen wiederum für kurzfristige Jobs, u. a. in der Gastronomie, im *housekeeping* oder im Tourismus. Im Winter bzw. in der Regenzeit fallen einige Branchen in den Tiefschlaf – entsprechend mau sind die Jobchancen. Abweichende Saisonzeiten gelten für die Erntearbeit. Orangen beispielsweise werden im Winter gepflückt. Zuverlässigster Reiseführer für *fruit-picking* ist der Harvest Guide, siehe Seite 91.

TIPP: Gegen den Strom
Du kannst auch bewusst gegen den Strom reisen. Zwar mag die Auswahl möglicher Jobs in der Nebensaison geringer sein, aber genauso klein ist dann auch die Konkurrenz.

Vielleicht suchst du eher nach Tätigkeiten *off the beaten track* – jenseits der Jobnorm oder abseits der Backpackermassen. Sei ehrlich – stehen South Australia oder das Northern Territory auf deiner *bucket list*? Reisen eventuell ja, aber auch dort arbeiten? Dann denkst du wie die Mehrheit, was im Umkehrschluss bedeutet, dass sich nur wenige Work & Traveller dort aufhalten. Weniger Backpacker gleich weniger Mitbewerber gleich bessere Chancen bei der Jobsuche.

Auch in Melbourne lässt sich Work & Travel super beginnen.

7.2 Stadt versus Land

Arbeiten in der Stadt

Erfahrungsgemäß suchen viele Backpacker eher bzw. lieber in den Großstädten als in den kleineren Orten bzw. auf dem Land nach Jobs. In Sydney, Melbourne & Co. leben die meisten Menschen, hier brummt die Wirtschaft und steppt der Bär. Die Job- und Unterkunftsmöglichkeiten sind zahlreich und vielfältig. Deine Feierabende verbringst du beim Absacker in der Szenebar, das Wochenende mit Shopping, Strand- und Clubbesuch. Eine tolle Work-Life-Balance.

Klar ist es aufregend, in der Stadt zu leben und zu arbeiten, gerade für junge Backpacker, die bisher eher Land- als Stadtluft geschnuppert haben. Nur kann die Jobsuche unglaublich frustrierend sein. Die Konkurrenz ist je nach Saison enorm hoch, der Arbeitgeber entsprechend wählerisch. Zumal für Jobs in den Städten oftmals Vorkenntnisse verlangt werden.

Vorteile	Nachteile
größere Jobauswahl	höhere Jobkonkurrenz
besserer Verdienst	höhere Lebenshaltungskosten
mehr Abwechslung	weniger Spardisziplin
Kontakt zu Leuten aus aller Welt	ggf. weniger Kontakt zu *locals*

Zählst du zu den Glücklichen und ergatterst einen Job, nimmst du erhöhte Lebenskosten in Kauf, sei es für Miete, Essen oder Nahverkehr. Selbst mit einem guten Verdienst sparst du in der Stadt meist weniger als auf dem Land – auch aufgrund der vielen Versuchungen. Lebst du eher ein *budget life* als ein *high life*, kannst du auch mit einem gut gefüllten Bankkonto die Stadt hinter dir lassen.

Arbeiten auf dem Land

Findest du keinen Job in der Stadt, richte deine Augen landeinwärts. Im Hinterland wird oft händeringend nach Personal gesucht. Zudem sind die Anforderungen an den Bewerber meist niedrig, da man froh ist, überhaupt motivierte Leute zu finden. Auch wenn die Arbeit im Busch statt Hochglanz-Lifestyle eher matten Alltag im Nirgendwo verspricht, bekommst du als Ausgleich einen unglaublich authentischen Eindruck vom australischen Leben. Und glaube mir – nirgends wirst du den *milky way* so funkeln sehen wie hier.

Amelie K.: Job auf dem Land

„Wir haben in einem kleinen Ort [...] Stunden von der nächsten großen Stadt entfernt in einem Country Pub gearbeitet. Wie üblich haben wir die Arbeit gegen Entgelt plus freie Kost und Logis verrichtet. Mit dem Koch zusammen waren wir die einzigen Bewohner [...]. Es gab im Pub eine Früh- und eine Spätschicht, die wir uns geteilt haben. An den Abenden und den Wochenenden haben wir auch zu zweit oder zu dritt die Bar betrieben. Mit der Zeit kannte man die Einwohner, wusste, wer wann kommt, wer was trinkt, wer welche Gerichte bestellt. Es war nie langweilig, weil man jederzeit über den aktuellen Dorfklatsch informiert wurde, eine Runde Billard gespielt hat, die Juke Box hoch und runter [hörte] oder sich selbst das ein oder andere Bier genehmigt hat. Der Vorteil eines solchen Jobs ist definitiv, dass man den Verdienst einfach sparen kann. Man hat fast keine Ausgaben und in einer sehr ländlichen Umgebung auch sehr begrenzte Möglichkeiten, Geld auszugeben."

Kleinstadt-Idylle, wie hier in Sea Lake, Victoria (ca. 500 Einwohner)

Ob als *kitchenhand* im Country Pub oder *allrounder* im einsamen Roadhouse – du lebst und arbeitest unter *locals* und wirst Mitglied einer eingeschworenen Gemeinde. Oftmals laden dich die Einwohner nach Hause zum Essen ein oder leihen dir ihr Auto, damit du die Umgebung erkunden kannst. Die Gastfreundlichkeit und Hilfsbereitschaft der Landbevölkerung ist eine Erfahrung für sich. Langweilig ist es nur, wenn du es zulässt.

Zwar ist dein Verdienst nicht ganz so üppig wie in der Stadt, aber oft sind Unterkunft und Verpflegung inklusive. Außerdem sind die Lebenshaltungskosten in der Provinz deutlich geringer, von den wenigen Möglichkeiten, das Ersparte zum Fenster rauszuwerfen, mal ganz abgesehen. Deine Reisekasse freut das ganz bestimmt.

Vorteile	Nachteile
weniger Mitbewerber	geringe Jobvielfalt
bessere Sparmöglichkeiten	niedriger Verdienst
authentische Erlebnisse	eintöniger Alltag
Leben unter Einheimischen	wenig Kontakt zu anderen Reisenden

7.3 Ostküste versus „Rest-Australien"

Ostküste

New South Wales, vor allem Sydney, zieht wohl die meisten Work & Traveller an. Kein Wunder, dass auch die anderen Bundesstaaten kräftig um deine Aufmerksamkeit buhlen. Von der typischen Backpackerreise- bzw. Jobroute profitieren vor allem die angrenzenden Staaten Victoria und Queensland. Von Sydney aus hangelst du dich in den folgenden Wochen und Monaten die Ostküste entlang. Je nach Saison und damit Wetterlage bewegt sich der Backpackerstrom kontinuierlich nach Norden Richtung Cairns oder hinunter in den Süden bis nach Melbourne.

Reiseführer wie der Lonely Planet geben derweil die wichtigsten Sehenswürdigkeiten vor, von denen es an der Ostküste nur so wimmelt. Nach dem *hop on hop off*-Prinzip setzt du ein Häkchen nach dem anderen – *been there, done that!* Und während du jeden Tag aufs Neue, nur von einem anderen Strand aus, die Sonne über dem Pazifik aufgehen siehst, triffst du mit hoher Wahrscheinlichkeit ab und an auf bekannte Gesichter – sei es von der Hostelparty in Byron Bay drei Wochen zuvor oder der 4WD-Tour auf Fraser Island vor zwei Monaten.

Whitehaven Beach auf Whitsunday Island, Queensland

Good to know: Gründe für einen Work & Travel Start in …

Brisbane, QLD

- Metropole mit *laid-back*-Atmosphäre
- nur einen Steinwurf entfernt von der Partyhochburg Gold Coast
- warme, milde Winter

Cairns, QLD

- idyllische Kleinstadt mit Tropenflair
- Great Barrier Reef vor der Haustür
- Ostküste von Norden ausgehend bereisen

Melbourne, VIC

- eine der lebenswertesten Städte der Welt
- Food-, Kultur- und Sporthauptstadt Australiens
- Ostküste von Süden ausgehend bereisen

Sydney, NSW

- Top Destination mit zahlreichen Sehenswürdigkeiten
- Bilderbuch-Kulisse mit Hafen, Stränden, Buchten und Skyline
- zahlreiche Angebote für Backpacker

Der Rest Australiens

Nur die wenigsten Backpacker können sich von der Ostküste losreißen. Städte wie Adelaide in South Australia oder Canberra haben einen vergleichsweise langweiligen Ruf. Entsprechend gering ist die Motivation, dort nach einem Job zu suchen. Ein Abstecher nach Darwin oder Alice Springs im Northern Territory lohnt sich schon eher. Gigantische Wasserfälle, Wildlife pur oder ein einsamer Inselberg im Outback ziehen deutlich mehr Aufmerksamkeit auf sich. Von Perth, der Hauptstadt des größten Bundesstaates Western Australia, hat so mancher noch nie etwas gehört.

Good to know: Gründe für einen Work & Travel Start in …

Adelaide, SA
- überschaubare Stadt mit familiärer Atmosphäre
- wenig überlaufen, selbst zur Hochsaison
- Drehkreuz für Touren Richtung Melbourne, Perth oder Red Centre

Darwin, NT
- entspannter, tropischer Lifestyle
- günstige Ausgangslage für Reisen nach Südostasien
- authentische indigene Erlebnisse

Perth, WA
- kürzeste Verbindung nach Deutschland
- sonnenreichste Hauptstadt Australiens
- aufstrebende City dank unzähliger Investitionen

Nicht nur die vermeintlich „zweitrangigen“ Sehenswürdigkeiten, sondern auch die Infrastruktur führen leider dazu, dass das Zentrum bzw. der Westen links liegen gelassen werden. Die enormen Distanzen nehmen zumeist nur Backpacker mit eigenem Auto in Angriff. Einige andere reisen mit dem Flugzeug oder ertragen schon einmal 19 Stunden im Greyhound-Bus.

Wer es wagt, entdeckt das natürliche, wilde, weniger herausgeputzte Australien. Rotes Outback trifft auf azurblaues Meer, menschenleerer Highway auf endlosen Horizont, putzige Tierwelt auf atemberaubende Naturspektakel. Und mittendrin der Backpacker, weit entfernt vom Massentourismus der Ostküste und seinesgleichen – und damit auch von der Konkurrenz, wenn es um die Arbeitssuche geht. Denn Jobs gibt es auch im „Rest Australiens“ genug. Du musst nur danach suchen – und längere Wege in Kauf nehmen.

An der Westküste erwarten dich traumhafte Sonnenuntergänge.

7.4 Bundesstaaten im Detail

Den Zahlen der australischen Tourismusbehörde zufolge lebt und arbeitet die große Mehrheit der Backpacker in New South Wales, Queensland und Victoria. Dabei sind auch die anderen Regionen eine Reise und vor allem Jobsuche wert! Möchtest du z. B. ein weiteres Jahr in Australien bleiben, hast du es im Northern Territory, in South Australia und auf Tasmania besonders einfach, die Bedingungen des Second/Third Working Holiday Visa zu erfüllen, siehe Seite 208.

New South Wales

Die perfekte Reiseroute beginnt für die große Mehrheit der Work & Traveller in Sydney. Die Hauptstadt von New South Wales ist seit jeher Einfallstor der jungen Weltenbummler. Wer an Australien denkt, hat neben Koalas und Surfern sofort die Metropole mit Opernhaus und Harbour Bridge vor Augen. Wo ließe sich das Abenteuer Work & Travel also besser starten als hier?

Jobmöglichkeiten

Im bevölkerungsreichsten Bundesstaat erwarten dich ganzjährig zahlreiche und vielfältige Jobs. Sowohl in Sydney als auch entlang der Küste oder in den Ebenen des Hinterlandes gibt es kaum eine Branche, in der du nicht tätig sein kannst: angefangen beim Au-pair-Job in der Stadt über Baumwolle pflücken bei Hay bis hin zum Bierzapfen in der Outback Stadt Broken Hill.

Gerade in Sydney und den Städten entlang der Küste entstehen in der Hochsaison im Sommer unzählige Arbeitsplätze im Gastgewerbe, auf dem Bau oder in der Gastroszene. Hinzu kommen Aushilfstätigkeiten auf Events wie dem Vivid Sydney. Wirst du in Sydney bzw. der Küstenregion nicht fündig, dann nichts wie ab ins Inland. In den fruchtbaren Regionen rund um Griffith, Wentworth, Orange, Dubbo oder dem Hunter Valley wird das ganze Jahr über gepflückt, gesät oder verpackt – von Äpfeln über Melonen und Nüssen bis hin zu Spargel.

Wer möchte da nicht in die Wellen springen?

Northern Territory

Der am dünnsten besiedelte Bundesstaat gilt mit Ausnahme des Uluru nicht wirklich als Backpackerhochburg. Dabei ist das Top End rund um Darwin in der Zeit von April bis Oktober/November das perfekte Ziel. Genieße im Norden den endlosen Sommer vor tropischer Kulisse, während die Leute im winterlichen Süden zwar keine Frostbeulen, aber zumindest Gänsehaut bekommen. Im NT zeigt sich Australien von einer ursprünglichen und bodenständigen Seite – sowohl was die Landschaft als auch Einwohner betrifft. Zwischen Darwin und Alice Springs erwarten dich zudem einige der tollsten Roadtrips Australiens.

Entlang der Mitchell Street in Darwin ist immer was los.

Jobmöglichkeiten

Im Norden besteht eine große Nachfrage an gelernten und ungelernten Kräften. Gerade zur Hochsaison zwischen April und Oktober entstehen im Gaststätten- und Hotelgewerbe viele Arbeitsplätze, u. a. als Kellner, Barkeeper, Hotelverwaltungs- oder Wartungspersonal. Zur gleichen Zeit steigt auch die Nachfrage an Hilfskräften auf dem Bau, vorrangig in Darwin.

Einige der größten Rinderfarmen liegen im Northern Territory. Backpacker werden vor allem für das Treiben der Herden und die Instandhaltung der Zäune eingesetzt, aber auch als Koch oder Küchenhilfe. Ebenso ganzjährig wird medizinisches Fachpersonal im Bereich der Altenpflege, mit intensiv- oder notfallmedizinischer Ausbildung sowie Hebammen gesucht.

Schließlich gibt es auch hier die Möglichkeit, bei der Ernte anzupacken. Besonders populär und berüchtigt sind die Mango- und Melonenernte rund um Darwin und Katherine, hauptsächlich zwischen September und Dezember.

Queensland

Grün, so weit dein Auge reicht – in den Regenwäldern Queenslands

Nichts verkörpert den Sunshine State mehr als ganzjährig milde Temperaturen, Sonne, Strand, Palmen und Ozean. Kein Wunder, dass viele Backpacker entlang der Gold Coast, Sunshine Coast oder im tropischen Norden ihre *base* aufschlagen. Sand und Meer sind aber nicht die einzigen Highlights in Queensland. Nur wenige Kilometer landeinwärts und du stehst plötzlich mutterseelenallein im Outback oder unter den immergrünen Baumkronen der Regenwälder. Die Hauptstadt des Bundesstaates, Brisbane, gilt unter Backpackern als die entspannteste zum Leben.

Jobmöglichkeiten

Wenn es um saisonale Arbeit geht, bist du nirgends besser unterwegs als im Sunshine State: Farmen und Plantagen, soweit dein Auge reicht. Aufgrund der Größe und verschiedenen Klimazonen gedeiht eine Vielzahl an Früchten, von Avocados über Erdbeeren und Tomaten bis hin zu Zuckerrohr. Die Anbaugebiete ziehen sich die gesamte Küstenlinie von Mareeba über Bundaberg bis nach Stanthorpe hinunter und werden ganzjährig betrieben. Das Inland beherrschen die großen Viehfarmen und Getreidefelder.

Da Queensland ebenso beliebt bei „normalen" Touristen ist, steigt die Nachfrage an Arbeitskräften in der Hauptsaison. Mai bis Oktober ist die perfekte Reisezeit im Norden, demnach geschäftig geht es in der Gastronomie, in den Unterkünften und bei touristischen Anbietern zu, z. B. auf Ausflugsbooten ins Great Barrier Reef oder in den Ressorts der Küsten. Sobald Ende des Jahres die Regenzeit im Norden einsetzt, bewegen sich die Massen gen Süden. Zeit, auch deine Jobsuche an die Grenze zu NSW zu verlegen, z. B. in die Hauptstadt Brisbane.

Glenelg Beach bei Adelaide

South Australia

South Australia ist unter Work & Travellern eher unbekannt. Dabei ist der Bundesstaat extrem vielfältig. Wilde Küstenregionen, malerische Strände, riesige Salzseen im Outback, Kuriositäten wie Untergrundwohnungen, Kängurus, Koalas, Delfine, Wale, Schnabeltiere … es könnte endlos so weitergehen. South Australia sollte nicht nur als Durchreise-Staat herhalten. Eine längere Pause lohnt sich auf jeden Fall. Adelaide mag zwar selbst unter Australiern einen eher langweiligen Ruf genießen, aber gerade für Leute, die es weniger hektisch mögen, ist Adelaide der *perfect match*.

Jobmöglichkeiten

Die meisten Jobmöglichkeiten ergeben sich in Adelaide oder im direkten Umland, weniger als eine Autostunde entfernt. Die Hauptstadt Südaustraliens gilt als Food- und Festivalhochburg. Dementsprechend groß ist der Bedarf an Arbeitskräften, wenn z. B. das landesweit berühmte Fringe Festival auf dem Eventkalender steht. Helfende Hände sind ebenfalls im Sommer in der Gastronomie sowie im Hotel- und Baugewerbe gefragt.

In den umliegenden Regionen wie Fleurieu Peninsula, Barossa und Clare Valley, Adelaide Hills oder Limestone Coast kommst du als engagierter Erntearbeiter zum Einsatz, vor allem bei der Traubenernte. Fast die Hälfte der landesweiten Weinproduktion stammt aus Südaustralien. Egal, ob du die Reben beschneidest, Trauben pflückst oder die edlen Tropfen verpackst – bei 200 Weingütern im Umland von Adelaide wirst du je nach Saison fast ganzjährig fündig. Entlang des Murray River werden zudem Zitrus- und Steinfrüchte geerntet, in den wärmeren Monaten auch Äpfel und Kirschen.

Tasmania

Es gibt Reisende, die annehmen, dass Tasmania nicht zu Australien gehört. Oft genug wird die Insel auf Landkarten „vergessen". Aufgrund der abgelegenen Lage und Andersartigkeit könnte man tatsächlich meinen, man sei in England statt Australien. Tasmania, oder einfach nur Tassie genannt, ist mit nichts auf dem Festland vergleichbar. Das Wetter ist rauer, das Meer stürmischer, die Luft klarer und die Landschaft mystischer. Wer eine völlig andere Facette Australiens kennenlernen möchte, sollte sich das Inselhopping nicht entgehen lassen.

Jobmöglichkeiten

Die Jobmöglichkeiten auf Tasmania mögen etwas spärlicher sein. Aufgrund des Underdog-Status gibt es nicht viele Branchen, die zwingend auf Backpacker als Arbeitskräfte angewiesen sind. Suchst du auf Tasmania einen Job, musst du Ausdauer mitbringen. Es gibt sie auf jeden Fall: beispielsweise im Huon und Derwent Valley im Süden, im Meander und Tamar Valley sowie in der Dorset Region im Norden oder in Hobart, der Hauptstadt der Insel. Es werden Kirschen, Hopfen, Gemüse, Trauben, Äpfel, Beeren und Walnüsse angebaut. Möglicherweise findest du auch einen Job in der Forstwirtschaft.

Die Wunder Tasmanias bekommen nur wenige Backpacker zu Gesicht.

Überwältigend – die Twelve Apostles an der Great Ocean Road, Victoria

Victoria

Kaum eine Region Australiens ist auf vergleichbarer Fläche vielseitiger als das „kleine“ Victoria. Hier fährst du morgens im warmen Outback los und erreichst am Abend die verschneiten Alpen oder schreitest aus dem dichten Regenwald hinein ins Wolkenkratzer-Panorama der Hauptstadt.

Melbourne steht in ständiger Rivalität zu Sydney. Mit dem 2. Platz gibt sich die zweitgrößte und lebenswerteste Stadt Australiens nicht zufrieden. Ganz im Gegenteil: In vielen Bereichen läuft Melbourne Sydney den Rang ab. Gerade für junge Leute überzeugt die Stadt mit unzähligen Livemusik-Sessions, aufregenden Sportevents und alternativen Szenebezirken.

Jobmöglichkeiten

Melbourne bietet als Vier-Millionen-Metropole unzählige Jobmöglichkeiten, vor allem in der Hauptreisezeit im Sommer. Gute Anlaufstellen sind die Hotels, Hostels, Bars und Restaurants der Stadt. Versuche dein Glück nicht nur im Stadtzentrum, sondern auch in Szenebezirken wie Fitzroy, Brunswick oder St. Kilda am Meer. Die Australian Open, der Formel-1-Grand Prix oder die White Night sind nur einige Events, die besonders kurzfristige Verdienstmöglichkeiten das ganze Jahr über schaffen.

Außerhalb der Städte erwarten dich vor allem Jobs in der Landwirtschaft. Auf der Mornington Peninsula und im Yarra Valley sind es vorrangig Weinbetriebe, die nach Aushilfskräften suchen. Am Murray River, der Victoria von New South Wales trennt, zählen vor allem Mildura, Robinvale, Swan Hill und Shepparton als die Erntehochburgen. Entlang der Great Ocean Road gibt es vereinzelt Stellen in der Gastronomie und den Hotels.

Western Australia

Suchst du Freiraum, bist du an der Westküste genau richtig. 2,6 Millionen Einwohner leben auf einer Fläche, die sieben mal größer ist als Deutschland. Im größten Bundesstaat des Landes entdeckst du das wirkliche und vor allem einsame Australien. Tiefblaues Wasser trifft auf strahlend weiße Strände und feuerrotes Outback. Nirgendwo ist der Farbkontrast überwältigender als hier. Ehemals als Provinzhauptstadt verpönt, wurde Perth in den letzten Jahren zum Hotspot. Die abgelegenste Großstadt der Welt ist dank unzähliger Investitionen lebendiger und vielseitiger geworden.

Jobmöglichkeiten

Durch den Mining- und Bau-Boom der letzten Jahre entstanden vor allem in der Hauptstadt Perth viele neue Jobs, vor allem in den Bettenburgen sowie im Gastronomiebereich. Hauptsaison im Süden der Westküste ist zwischen November und März. Auch auf den noch immer unzähligen Baustellen der Stadt sind Backpacker, die kräftig anpacken können, gern gesehen. Außerhalb der Westküstenstädte erwarten dich Jobs entlang der Highways in den Country Pubs und Roadhouses. Im tropischen Norden bei Broome kannst du in den Luxus-Ressorts und Wilderness Camps nach Arbeit fragen oder auf einer *pearling farm* anheuern. Einmalige Erlebnisse sind garantiert.

Ausblick vom Kings Park auf die Skyline von Perth

Kalbarri National Park

Nicht ganz einfach, aber auch nicht unmöglich ist es, einen Job in einer Mine zu bekommen. Allen voran die Goldmine in Kalgoorlie lässt Backpacker-Jobherzen höherschlagen. Ein etwas anderer Job wartet auch hier auf dem Feld: Regionen wie Margaret River, Carnavon oder Kununurra locken alljährlich Backpacker zur Wein-, Mango- oder Olivenernte. Einige Jobagenturen und Hostels vermitteln dich zudem auf die riesigen *cattle stations* im Outback.

Fazit

Ganz egal, wohin es dich in Australien zieht – ob du dich weitestgehend auf eingetretenen Pfaden bewegst oder eigenen Wegen folgst, ob du ausgiebig die Ostküste erkundest oder dein Herz ans Outback verlierst, ob du der Stadt treu bleibst oder aufs Land ziehst – Australien bietet genug Platz für jeden. Und auch wenn die Mehrheit der Work & Traveller zunächst der Ostküste den Vorrang gibt, kehren doch später viele von ihnen nach Australien zurück und erkunden spätestens dann auch die weniger bekannten Ecken des Kontinents.

10 gute Gründe für Western Australia

Die Westaustralier selbst sagen gerne „West is Best“. Einige gute Gründe für einen Work and Travel Aufenthalt in Westaustralien findest du hier. Und wer weiß, vielleicht sagst auch du am Ende: West is Best?

Sonne tanken: Perth ist die sonnenreichste Großstadt Australiens. Ideal für ein *barbie* im Kings Park.

Abfeiern: Western Australia ist siebenmal größer als Deutschland und erstreckt sich über zwei Klimazonen. Deshalb ist immer irgendwo Sommer. Und das heißt: Festival-Zeit.

Chillen am Strand: In der Strandbar abhängen und den Sonnenuntergang genießen.

Surfen: Bei mehr als 12.500 Kilometern Küste findet jeder die passende Welle. Weltberühmt sind die Surferstrände von Margaret River. Hier werden jedes Jahr die Weltmeisterschaften ausgetragen.

Offroad fahren: Wie wäre es mit einer „Stock- und-Stein-Tour“ über die Gibb River Road, eine der schönsten Allradstrecken Australiens?

Mit Delfinen frühstücken: In Monkey Mia begegnen euch die Delfine morgens im knietiefen Wasser auf Armeslänge. Wer da wohl wen neugieriger beäugt?

Mit Walhaien schwimmen: Am Ningaloo Reef begegnet ihr den sanften Riesen der Ozeane im Wasser. Auch wenn sie groß wie ein Bus sind, sind sie völlig harmlos.

Glücklich werden: Wer am Strand von Lucky Bay zusammen mit den Kängurus in der Sonne liegt, kann nicht anders als gute Laune haben.

Durch Baumkronen spazieren: Kennt ihr schon? Aber nicht den Valley of the Giants Tree Top Walk, der bei Walpole in 40 Metern Höhe durch die Eukalyptusriesen führt.

Auf der Treppe zum Mond: Dieses Naturschauspiel z. B. am Strand von Broome sowie die einzigen horizontalen Wasserfälle der Welt und Felsen, die wie Bienenstöcke aussehen, gibt es nur im Westen.

Job-Beispiele für Western Australia

Walflüsterer am Ningaloo Reef

Westaustraliens Ningaloo-Reef ist nicht nur der beste Ort der Welt, um mit den riesigen, völlig harmlosen Walhaien zu schwimmen, sondern auch ein grandioser Unterwasser-Spielplatz für eine Vielzahl von Meerestieren. Egal, ob du auf einem der vielen Tourbooten oder als Tauchlehrer arbeitest, werde zu einem erfahrenen „Wal-Flüsterer" und verbringe deine Tage auf der Suche nach den sanften Riesen der Ozeane auf und unter Wasser am Weltnaturerbe Ningaloo Reef.

Hausmeister für die Quokkas auf Rottnest Island

Dieses niedliche Wesen, das gerne für Selfies posiert, ist auf der westaustralischen Insel Rottnest Island heimisch. Dank ihrer freundlichen Art und ihrem süßen „Lächeln" haben die Quokkas es zu Weltruhm geschafft. Wenn die Tiere und ihr Lebensraum jedoch nicht geschützt werden, könnten sie schnell vom Aussterben bedroht sein. Helft den Park Rangern dabei, den Lebensraum der Tiere zu schützen und den „Paparazzis" einen respektvollen Umgang mit ihnen beizubringen.

Putzkraft am Strand in Margaret River

Die australischen Strände gehören definitiv zu den schönsten der Welt. Aber was, wenn wir dir sagen, dass es tatsächlich Leute gibt, die sich beruflich um die Strände kümmern? Am südlichsten Zipfel von Australiens Westküste liegen in der Margaret River Region zahlreiche Traumstrände. Hier kannst du deinen Job in der Stadt gegen Beach Life eintauschen und dabei noch etwas Gutes tun, indem du hilfst, Strand und Wasser sauber zu halten.

Sonnenstadt Perth

Früher gähn, heute hip! Lasst euch überraschen von der australischen Stadt, die sich in den letzten Jahren am rasantesten verändert hat und heute Sydney oder Melbourne in nichts mehr nachsteht. Perth punktet mit 3000 Sonnenstunden im Jahr, einem absolut entspannten Outdoor-Lifestyle und kostenlosen Bussen, die euch von A nach B bringen. Regelmäßig wird die Stadt am Swan River, die zu den entlegensten Metropolen der Welt gehört, in die Top 10 der lebenswertesten Städte der Welt gewählt. www.experienceperth.com

Must Do's in Perth

Fremantle

Bummelt durch das hippe Hafenstädtchen vor den Toren von Perth und besichtigt das Fremantle Prison, eines der größten ehemaligen Gefängnisse des Kontinents. Im alten Frauentrakt ist heute übrigens eine Jugendherberge untergebracht.

Open-Air-Kino

Hoch über den Dächern der Stadt finden im Sommer in Northbridge die Rooftop Movies statt, aber auch im Kings Park und in Burswood gibt es Open-Air-Kino.

Szeneviertel Northbridge

Rooftop-Bars, Themen-Bars und jede Menge Street Art findet ihr in Northbridge.

Rottnest Island

Schnappt euch ein Fahrrad, um das autofreie Inselparadies zu erkunden und vergesst nicht, ein Quokka-Selfie zu machen! Oder wie wäre es mit einem Fallschirmsprung über der Insel?

Schwimmen mit Delfinen
Nur 45 Minuten südlich von Perth könnt ihr mit den neugierigen Meeressäugern direkt im Wasser auf Tuchfühlung gehen.

Kings Park
Chillt in einem der größten Stadtparks der Welt und genießt bei einem Picknick den Blick auf die Skyline von Perth.

Sandboarding in Lancelin
Saust im Schuss die Sanddünen nördlich von Perth hinab und genießt dabei den Blick auf den Indischen Ozean!

Stadtstrände
Bei 19 verschiedenen Stränden im Stadtgebiet von Perth ist es ein Leichtes, sein ganz privates Stückchen weißen Sandstrand zu finden, um in aller Ruhe den Sonnenuntergang zu genießen, z. B. am bekannten Cottesloe Beach

Südwesten

2019 wählte der renommierte Reiseführer Lonely Planet Margaret River und den Süden von Western Australia auf den ersten Platz seiner „Best in Asia-Pacific"-Liste. Jetzt ist also genau der richtige Moment, um diese Ecke Australiens zu erkunden! Im Südwesten erwarten euch großartige Weine und Craft Beer, die besten Surfspots, Wale, Baumwipfelpfade und beeindruckende Höhlensysteme.
www.australiassouthwest.com

Must Do's

Wale beobachten

Beobachtet bei einer Tour ab Dunsborough, Augusta oder Albany Buckelwale, Südliche Glattwale oder sogar Blauwale, wenn sie auf ihrem jährlichen Zug vor der Küste vorbeikommen. Hunderte von Orcas seht ihr zwischen Januar und April am Bremer Bay Canyon.

Wandern

Auf dem Cape to Cape Track und dem Bibbulmun Track erkundet ihr die schönsten Strände und Wälder von Margaret River oder das wilde Buschland im Hinterland und die dramatischen Steilklippen an der Südküste.

Valley of the Giants Tree Top Walk

Der 600 Meter lange Baumwipfelpfad führt euch in 40 Metern Höhe durch das „Tal der Giganten", uralte, riesige Eukalyptusbäume.

Wein & Craft Beer

International äußerst beliebt sind die Weine aus Margaret River und der Great Southern Region. Immer mehr kleine Brauereien stellen außerdem leckeres Craft Beer her.

Wellen reiten

In Margaret River lassen die Wellen Surfer-Herzen höher schlagen! Nicht umsonst finden hier jedes Jahr im Mai die Surfweltmeisterschaften statt.

Goldenes Outback

Wo einst Glücksuchende dem Goldrausch verfielen, könnt ihr euch heute an der Schönheit des Outbacks berauschen, an bunten Wildblumen, ausgetrockneten Salzseen, bizarren Gesteinsformationen, Goldgräberromantik und der unendlichen Weite. www.australiasgoldenoutback.com.

Must Do's

Wave Rock

Hier macht jeder Surfer eine gute Figur! Der 110 Meter lange Granitfels nahe Hyden erinnert an eine steinerne Welle, die kurz davor ist, über dem Buschland zusammenzuschlagen. Hang Ten!

Lucky Bay

Australiens weißesten Sandstrand – das ist wissenschaftlich bewiesen – findet ihr in der Lucky Bay im Cape Le Grand National Park. Selbst die Kängurus kommen hier gerne zum Sonnenbaden und posieren auch für Selfies mit euch!

Mount Augustus

Eigentlich ist er der größte Fels der Welt, größer noch als der Uluru, und er sieht aus jeder Perspektive spektakulär aus, egal ob ihr den 750 Meter hohen Inselberg vom 49 Kilometer langen Allrad-Rundkurs bewundert oder tolle Fotos am Emu Hill Lookout macht.

Lake Ballard

Besucht die größte Open-Air-Galerie der Welt. 51 lebensgroße Skulpturen aus Stahl bevölkern den sieben Quadratkilometer großen Salzsee Lake Ballard nahe Menzies. Geschaffen wurde das Werk „Inside Australia" von Antony Gormely.

Goldrauschgeschichte

Folgt dem „Golden Quest Discovery Trail" von Coolgardie nach Laverton, besichtigt die Super Pit, die größte Goldmine der Welt, Goldgräber-Geisterstädte und erfrischt euch in schrägen Outback-Pubs. Übrigens könnt ihr auch ein „Miners Right" auf Lebenszeit erwerben und selbst nach Gold suchen.

Korallenküste

An Australiens Korallenküste, die sich zwischen Cervantes und Exmouth erstreckt, folgt ein Traumstrand auf den nächsten. Freut euch auf eine einzigartige Unterwasserwelt und unvergessliche tierische Begegnungen. An Land warten wilde Schluchten, einmalige Gesteinsformationen und ein pinker See. Ein absoluter Geheimtipp in der Region ist übrigens Dirk Hartog Island. www.australiascoralcoast.com

Neugierige Delfine und ein Herzmuschelstrand

Im UNESCO-Welterbegebiet von Shark Bay beäugen euch in Monkey Mia neugierige Delfine. Der 600 Meter lange Shell Beach besteht aus einer meterdicken Herzmuschelschicht und lässt bestimmt auch eure Herzen höher schlagen.

Hutt Lagoon

Pink, pink, pink, sind die Seen in WA! Hutt Lagoon bei Port Gregory ist einer von ihnen und mit dem Auto zugänglich. Besonders schön Kaugummi-Pink leuchtet er um die Mittagszeit an wolkenlosen Tagen.

Mit Walhaien und Buckelwalen schwimmen

Zwischen März und August begegnet ihr am Ningaloo Reef, ebenfalls UNESCO-Weltnaturerbe, Walhaien Auge in Auge im Wasser. Zwischen August und Oktober könnt ihr hier seit 2016 sogar mit Buckelwalen schwimmen. Touren starten ab Exmouth und Coral Bay.

Must Do's

Pinnacles

Kleiner Ausflug auf den Mond gefällig? So wirkt zumindest die Landschaft in der Pinnacles Desert im Nambung National Park. Hier erheben sich bis zu vier Meter hohe, bizarre Kalksteinsäulen aus dem gelben Wüstensand. Besonders schön zu Sonnenauf- bzw. -untergang.

Kalbarri National Park

Blickt durch das Nature's Window in die Schlucht des Murchison River hinunter. Etwas Abenteuer gefällig? Dann macht eine Abseiling Tour im Park oder paddelt im Kanu tief unten in der Schlucht auf dem Fluss.

Nordwesten

Erlebt in der Kimberley Region eines der letzten, in weiten Teilen unerforschten Wildnisgebiete unserer Erde. Verwitterte Felsformationen, tiefe Schluchten, rauschende Wasserfälle, karge Savannenlandschaft und bauchige Boabbäume prägen das Gesicht der Region, die als Kulisse für den Film „Australia" diente. In der Pilbara entdeckt ihr eine noch ziemlich unbekannte Region Australiens. www.australiasnorthwest.com

Karijini National Park

Unternehmt eine Reise zum „Mittelpunkt der Erde" ins rote Herz der Pilbara. Massive, rot leuchtende Schluchten, Felsenpools mit kristallklarem Wasser und Wasserfällen sowie riesige Termitenbauten prägen die Landschaft in einem der schönsten Nationalparks Australiens.

Bungle Bungle Range

Bis in die 1980er-Jahre wusste niemand, dass sie existieren, heute sind sie UNESCO-Weltnaturerbe. Die Bungle Bungles im Purnululu National Park sind spektakulär, egal ob aus der Luft oder bei einer Wanderung im Park. Nicht verpassen: Echidna Chasm, Cathedral Gorge und Piccaninny Creek.

Must Do's

Treppe zum Mond

Dieses einmalige Naturschauspiel könnt ihr zwischen März und Oktober im Nordwesten beobachten, z. B. in Broome. Bei Ebbe spiegelt sich der aufgehende Mond im nassen Watt und erzeugt eine optische Illusion, die wie eine Treppe zum Mond aussieht.

Auf Kamelen in den Sonnenuntergang reiten

Dies könnt ihr am 22 Kilometer langen Cable Beach in Broome. Weißer Sandstrand soweit das Auge reicht und der Indische Ozean bieten die perfekte Kulisse.

Horizontal Falls

Besucht die einzigen horizontalen Wasserfälle der Welt und rauscht mit einem Speedboot direkt durch die enge Felspassage im Meer, die dieses Naturphänomen entstehen lässt.

Erlebnisse mit Adrenalin-Kick

Wer die großartige Natur und Tierwelt von Western Australia nicht nur hautnah erleben möchte, sondern auch etwas Nervenkitzel sucht, der sollte diese Erlebnisse auf seine *bucket list* setzen. Es warten tiefe Schluchten, türkisblaue Buchten, spektakuläre Wasserfälle und riesige Sanddünen darauf, mit Rädern, Seilen, Paddeln, Boards oder im freien Fall erobert zu werden.

Schwimmen mit Walhaien und Buckelwalen

Am Ningaloo Reef kann man zwischen August und Oktober mit Buckelwalen schwimmen. Im Schnitt sind die Teilnehmer – maximal fünf – etwa fünf Minuten mit den riesigen Meeressäugern im Wasser. Ein westaustralisches „Must Do" ist ein Whale Shark Swim, der ebenfalls am Ningaloo Reef angeboten wird.

Abseiling im Kalbarri National Park

Bei einer Abseil-Tour seilen sich die Teilnehmer in die Z Bend Gorge im Park ab. Nach einer kurzen Einweisung geht es dann eine 25 und eine 35 Meter hohe Felswand hinunter. Erfrischung bietet im Anschluss der Murchison River, auf den man zuvor aus der Höhe geblickt hatte. Anfang 2020 eröffnen zwei neue Skywalks am Aussichtspunkt West Loop, die in 100 Metern Höhe 20 und 12 Meter weit in die Schlucht hineinragen werden. Beliebtestes Fotomotiv im Park ist das Nature's Window.

Canyoning im Karijini National Park

Tiefe, rot leuchtende Schluchten, Felsenpools und Wasserfälle prägen die Landschaft im Karijini National Park in der Pilbara Region. Den WOW-Faktor erleben Besucher besonders intensiv bei einer Canyoning-Tour. Abseilen im Wasserfall, durch Schluchten paddeln, eine Felswand hinaufklettern …

Hoch hinaus: Feuerwehrbäume und Baumwipfelpfad

Der 61 Meter hohe Gloucester Tree bei Pemberton und der 75 Meter hohe Dave Evans Bicentennial Tree im Warren National Park dienten früher als Aussichtspunkte, um Waldbrände rechtzeitig zu entdecken. Heute werden wagemutige Kletterer mit einem grandiosen Ausblick über die riesigen Eukalyptuswälder belohnt. Alternative: der Valley of the Giants Tree Top Walk, ein 600 Meter langer Baumwipfelpfad in 40 Metern Höhe.

Sandboarding in Lancelin und Esperance

Lancelin nördlich von Perth und Esperance an Westaustraliens Südküste sind für riesige, schneeweiße Sanddünen bekannt und ein beliebtes Ausflugsziel für begeisterte Sandboarder. Traumstrände wie Lucky Bay im Cape Le Grand National Park sind ebenfalls nicht weit von Esperance.

Über Stock und Stein: Mountainbiken auf dem Munda Biddi Trail

Über 1000 Kilometer führt der Trail von Mundaring bei Perth bis nach Albany an der Südküste, durch wildes Buschland, unberührte Wälder und Weinbaugebiete.

Allrad-Abenteuer auf der Gibb River Road

Die legendäre Viehtriebstraße Gibb River Road in der Kimberley Region gehört zu den beliebtesten Allradstrecken Australiens. Sie verbindet auf 660 Kilometern Derby mit Kununurra und führt Besucher mitten durch das Herz eines der letzten unberührten Wildnisgebiete dieser Erde.

Volle Kraft voraus: Kajak- und Kanutouren

In vielen westaustralischen Nationalparks haben Besucher die Möglichkeit, die Landschaft bei einer Kajak- oder Kanutour zu erleben, z. B. im Francois Peron National Park (Shark Bay), im Cape Range National Park (Ningaloo Reef), im Kalbarri National Park (Murchison River).

Mit dem Speedboot durch die einzigen horizontalen Wasserfälle

Die einzigen horizontalen Wasserfälle der Welt in der Talbot Bay sind schon aus der Luft beeindruckend, zu einem echten Wildwasser-Abenteuer wird dann die Fahrt mit einem Speedboot direkt durch die schmale Passage zwischen den Felsen in der Bucht, durch die sich die vom riesigen Gezeitenunterschied verursachten Wassermassen drücken.

Fallschirmsprung über Rottnest Island

Mal kurz für ein Quokka-Selfie einschweben können Besucher, die einen Fallschirmsprung über der Insel vor der Küste von Perth wagen. Bei einem Tandemsprung geht es in 15.000 Fuß Höhe raus an die frische Luft und dann heißt es: genießen.

Erlebnisse mit Ureinwohnern

Lauscht dem Didgeridoo am Lagerfeuer, folgt dem Weg der Regenbogenschlange und taucht ein in die Welt der Traumzeit. In Western Australia gibt es mehr als 100 verschiedene Touren mit Aboriginal Guides, die euch einen Einblick in ihre etwa 60.000 Jahre alte Geschichte und Kultur gewähren.

Koomal Dreaming

Die Vorzüge der Margaret River Region – Strände, Höhlen, Kulinarik – lernt ihr bei einer Tour mit Wadandi-Mann Josh Whiteland aus der Perspektive der Aborigines kennen. In der Ngilgi Cave lauscht ihr uralten Geschichten und dem Klang des Didgeridoos und auch das Sammeln und Probieren von *bush tucker* steht auf dem Programm. Am Ende bereitet Josh ein Menü zu, bei dem ihr Känguru, Emu, Quadong, Busch-Pflaume und Saltbush kosten könnt. www.koomaldreaming.com.au

Ngurrangga Tours

Clinton Walker zeigt euch den Murujuga National Park auf der Burrup-Halbinsel, auf der sich die weltweit größte Sammlung von Felsbildern der Aborigines befindet. Bis zu einer Million Felsgravuren, die bis zur letzten Eiszeit zurückreichen, findet man hier.

Oder unternehmt eine Tour durch den Millstream Chichester National Park mit ihm und erfahrt, wie die Regenbogenschlange diesen Landstrich schuf. www.ngurrangga.com.au

Wula Gura Nyinda Eco Adventures

Lasst euch den Francois Peron National Park in Shark Bay von Darren „Capes" Capewell zeigen. Auf seinen Touren erfahrt ihr von einem Insider, welch tiefe spirituelle Verbindung zwischen den hier ansässigen Nhanda und Malgana Aborigines und diesem von roten Sanddünen und türkisblauem Wasser geprägten Landstrich besteht. Unternehmt einen Kajak- oder Schnorchelausflug mit ihm und lauscht abends am Lagerfeuer seinen Geschichten. Seit Kurzem organisiert Capes auch mehrtägige Touren nach Dirk Hartog Island. www.wulagura.com.au

Bungolee Tours

In Begleitung von Dillon Andrews, einem Ältesten der Bunuba, erlebt ihr die Geschichte des legendären Freiheitkämpfers Jandamarra nach, eines Helden, der das Land der Bunuba gegen die weißen Siedler verteidigte. Auf der Tour erkundet ihr Tunnel Creek, das älteste Höhlensystem in Western Australia, in dem sich Jandamarra lange Zeit versteckt hielt, und besucht Windjana Gorge und die Ruinen von Lillimooloora. www.bungoolee.com.au

Camping with Custodians

Wenn ihr einen Roadtrip durch die Regionen Kimberley und Pilbara plant, dann übernachtet doch auf einem Campingplatz, der sich auf Land der Aborigines befindet und von der dortigen Community betrieben wird. Alle Plätze sind mit Warmwasserduschen, Toiletten, Gasgrills, Trinkwasser und einem kleinen Shop ausgestattet. Abends sitzt ihr mit etwas Glück mit Aborigines aus der Community zusammen am Lagerfeuer. Imintji Campground liegt an der Gibb River Road, Jarlarloo Riwi Mimbi Campground am Fitzroy Highway und Peedamulla Station in der Nähe von Onslow.

Für mehr Touren klickt euch rein unter www.waitoc.com

Roadtrips in Western Australia

In Western Australia ist der Weg das Ziel! Fenster auf, Motor und Musik an und los geht's! Egal, ob ihr mit dem Auto, Camper oder Allradwagen unterwegs seid, bei 18.000 Kilometern Highways und Outbackpisten warten jede Menge unvergessliche Roadtrips auf euch. Auf diesen vier Routen erlebt ihr die Quintessenz von Western Australia.

Great Southwest Edge: Von Perth nach Esperance

Auf dieser Tour erlebt ihr den Südwesten Australiens, der an Highlights nicht spart. Von natürlichen Spa-Pools mit türkisfarbenem Wasser, jahrhundertealten riesigen Eukalyptuswäldern, dem größten Orca-Treff der südlichen Hemisphäre in Bremer Bay und einem knallpinken See bis hin zu Kängurus, die sich am weißesten Sandstrand des Kontinents sonnen, ist hier alles geboten. Nicht umsonst wurde der Süden von Western Australia von Lonely Planet gerade auf den ersten Platz der „Best in Asia Pacific 2019"-Liste gewählt, die Reisenden die Regionen nennt, die sie in den nächsten zwölf Monaten unbedingt besuchen sollten. Also, worauf wartet ihr noch? Dauer: 11 Tage. Tipp: Craft Beer in Margaret River

Coral Coast Highway: Von Perth zum Ningaloo Reef und zur Shark Bay

Auf dieser Küstenstrecke von Perth Richtung Norden erwarten euch einmalige Naturerlebnisse. Staunt über riesige Kalksteinsäulen in der Pinnacles-Wüste, werft einen Blick durch das Nature's Window im Kalbarri National Park und freut euch auf die Delfine von Monkey Mia. Am Herzmuschelstrand Shell Beach schlagen dann sicher auch eure Herzen höher. Am Ningaloo Reef schließlich warten einmalige Unterwasserbegegnungen mit Walhaien, Buckelwalen, Mantarochen und Meeresschildkröten auf euch! Dauer: 10 Tage. Tipp: Pinker See Hutt Lagoon (bei Port Gregory)

Warlu Way: Von Exmouth nach Broome

Begebt euch auf eine Zeitreise in die Traumzeit und folgt der Regenbogenschlange Warlu auf ihrem Weg durch das rote Herz des westaustralischen Outbacks. Vom türkisfarbenen Wasser des Ningaloo Reef führt euch diese Tour über 2480 Kilometer durch saftige Oasen, tiefe Schluchten und zerklüftete Berge, vorbei an den uralten Felsmalereien der Ureinwohner und bis nach Broome. Am Wegesrand locken Highlights wie der Karijini National Park, Millstream Chichester National Park, die Burrup-Halbinsel, der Eighty Mile Beach und die Dampier-Halbinsel. Dauer: 12 Tage. Tipp: Canyoing im Karijini National Park

Gibb River Road: Von Broome nach Kununurra

Über Stock und Stein, durch Flussbetten und über Staubpisten führt euch die 660 Kilometer lange Gibb River Road, eine ehemalige Viehtriebstraße, die Derby und Kununurra in der Kimberley Region miteinander verbindet. Erlebt die Weite und spektakuläre Landschaft eines der letzten Wildnisgebiete unserer Erde. Zu den Highlights gehören Windjana Gorge, Tunnel Creek, Bell Gorge, Manning Gorge, Mitchell Falls, der El Questro Wilderness Park und die Home Valley Station. Dauer: 14 Tage. Tipp: Wer nicht mit dem Allradwagen unterwegs ist, der erkundet die Kimberley Region am besten auf dem Great Northern Highway.

Für ausführliche Beschreibungen der einzelnen Strecken inklusive Aufteilung der Etappen und Highlights am Wegesrand sowie weitere Routenvorschläge bestellt euch unsere kostenlose Roadtrip-Broschüre über broschueren@westernaustralia.com oder ladet sie euch online herunter.

Coole Festivals & Events

Immer irgendwo Sommer heißt: immer irgendwo ein Festival. Bei durchschnittlich täglich neun Sonnenstunden in Perth, mediterranem Klima im Süden und tropischen Temperaturen im Norden feiert ihr immer irgendwo den ewigen Sommer. Schmeißt euch ins Festival-Outfit und los geht's!

South West Craft Beer Festival

Jedes Jahr im Februar heißt es in Busselton: Hoch das Glas, es lebe der Gerstensaft! Ob Chili-Bier, Dark Ale, Bier mit fruchtiger Note oder Belgium Style – Hauptsache, es schmeckt und kühlt den Gaumen. Über 120 Craft-Biere werden ausgeschenkt, dazu gibt es Burger, Pizza, Pulled Pork und Livemusik. www.swbeerfest.com.au

Sculptures by the Sea

Der Cottesloe Beach südlich von Perth ist nicht nur einer der schönsten und beliebtesten Strände in Western Australia, sondern auch der künstlerischste. Zumindest jedes Jahr im März, wenn dort Skulpturen unter freiem Himmel gezeigt werden. Über 70 australische und internationale Künstler stellen ihre Werke aus. Ein *must see*, nicht nur für Kunstfreunde, sondern auch für Festivalfans. www.sculpturesbythesea.com/cottesloe

Margaret River Pro

Surffans sollten diesen Event auf keinen Fall verpassen, es ist *der* Event für Big Wave Surfer. Ende Mai treten nämlich die weltbesten Surfer zur Weltmeisterschaft am Surfers Point in Margaret River gegeneinander an. Klar, dass dann auch den Tausenden von Zuschauern – neben Sonne, Strand und Superwellen – eine Menge geboten wird. www.margaretriver.com/event/the-margaret-river-pro

Karijini Experience

Für dieses Event kommen jedes Jahr zahlreiche Ureinwohner und rund 200 Künstler aus ganz Australien in den Karijini National Park, um ihre Kultur zu feiern. Auf dem Programm stehen Filmvorführungen, kulinarische Highlights und Open-Air-Konzerte, zum Teil in den Schluchten des Parks. www.karijiniexperience.com

Ord Valley Muster

Ihr seid im Mai in der Kimberley Region? Dann lasst euch das Argyle Diamond Ord Valley Muster nicht entgehen. Auch hier gehören die Ureinwohner zu den Organisatoren, und auf dem Programm stehen Comedy Night, Indigenous Concert und Veranstaltungen rund um Essen und Trinken. Highlight: ein Open-Air-Konzert unter dem funkelnden Sternenhimmel. www.ordvalleymuster.com.au

Ningaloo Whale Shark Festival

Dieses Festival in Exmouth läutet den Beginn der Walhai-Saison am Ningaloo Reef ein. Die sanften Riesen des Ozeans werden mit Livemusik und viel Tamtam begrüßt. Für Besucher gibt es Marktstände und eine von führenden Walhai-Forschern organisierte Ausstellung. www.ningaloowhalesharkfestival.org.au

Insider Tipp: Yalgoo Emu Festival

Lust auf einen etwas schrägen Event. Dann nehmt doch an diesem Wettrennen teil! Beim Yalgoo Emu Cup and Goo Festival in Geraldton laufen die Teilnehmer in Emu-Kostümen um die Wette.

8. Wohnen

In Hostels geht es nicht immer ordentlich zu.

8. Wohnen

Als Backpacker tourst du kreuz und quer durch Australien – eine Lebensweise, die sich nicht unbedingt mit einem festen Wohnsitz vereinbaren lässt. Einen Schlafplatz brauchst du trotzdem. Schließlich möchtest du nicht jede Nacht unter freiem Himmel verbringen, auch wenn der Anblick der Milchstraße noch so zauberhafte Träume beschert. Wie gut, dass es Down Under zahlreiche Schlafplatzoptionen gibt.

Hostel in Kings Cross, Sydney

8.1 Hostel

Jugendherbergen sind der soziale Dreh- und Angelpunkt für Backpacker. Egal, ob beim Kochen, Gute-Nacht-Sagen oder unter der Dusche – hier erzählst du von deinen Erfahrungen oder holst dir Inspiration für neue Reisepläne. Hier schließt du kurzweilige Bekanntschaften oder langlebige Freundschaften. Hier suchst du am Schwarzen Brett nach aktuellen Jobs oder anstehenden Events. Und hier findest du vielleicht dein Auto oder *travel buddies* für die kommenden Monate.

Hostelauswahl

Hostels gibt es in Australien wie Sand am Meer, sie sind günstig und lassen sich kurzfristig online buchen. Groß oder familiär, modern oder abgeranzt, ruhig oder Partyhochburg – die Unterschiede bei Lage, Ausstattung und Preis könnten größer nicht sein. Einige Hostels gehören zu Verbänden wie Base-, Nomads- oder YHA-Hostels. Letztere gehören dem internationalen Dachverband der Jugendherbergen an und sind besonders weit verbreitet (siehe Seite 50).

Wer lieber unter sich ist, sollte sich zweimal überlegen, im Hostel zu übernachten. Hier findet mehr oder weniger alles gemeinschaftlich statt, sei es Schlafen, Entspannen, Kochen, Essen oder Wäsche waschen. Die eigenen vier Wände genießt du höchstens in der Toilettenkabine – und selbst die steht in einem Gemeinschaftsbad.

Good to know: Working Hostels
In landwirtschaftlichen Regionen gibt es oft sogenannte Working Hostels, die neben der Unterkunft auch den Job auf einer Farm vermitteln, siehe Seite 106.

Zimmer

Der Verlust deiner Privatsphäre wird besonders spürbar in den *dorms*, den Schlafsälen. Angefangen bei Drei- oder Vierbettzimmern bieten sie bis zu 20 Personen Unterschlupf. Ein- bis Zweibettzimmer sind aufgrund der höheren Kosten für Backpacker meist nicht interessant. Es gibt sowohl gemischte als auch reine Frauen- bzw. Männerschlafsäle.

Typischer Schlafsaal

TIPP: Bettwäsche & *bed bugs*
Bettwäsche wird in den Hostels gestellt, ggf. gegen Aufpreis. Möchtest du lieber in deiner eigenen Decke schlafen, nutzte ein *travel sheet* (dünnes Inlet). Die Benutzung von Schlafsäcken ist oft nicht erlaubt, da die Gefahr besteht, Bettwanzen (*bed bugs*) zu übertragen.

Etagenbetten sorgen für die beste Platzaufteilung. Tische, Stühle oder Schränke gehören nicht immer zum Standardmobiliar. Hast du einen seichten Schlaf, packe Ohrstöpsel ein. Spätestens beim Intimitätenaustausch im oberen Bettgeschoss ist es mit der nächtlichen Ruhe dahin.

Küche

Für dein leibliches Wohl sorgt die Gemeinschaftsküche mit Kühlschrank, Herd, Mikrowelle & Co. Um den Abwasch kümmerst du dich selbst. Allerdings stapeln sich Töpfe und Pfannen oft genug im Spülbecken, während Besteck gern von Autoreisenden geklaut wird. Daher stellt das Hostel Geschirr mitunter nur

Gemeinsam kochen, gemeinsam aufräumen

gegen eine Kaution bereit. Die eigenen Lebensmittel verwahrst du in Beuteln im Kühlschrank bzw. Regal. Ein Namensschild sorgt dafür, dass du die Milch auch ja aus dem richtigen Beutel nimmst. Im *free food shelf* stehen frei verfügbare Lebensmittel, die von anderen Travellern vor der Weiterreise zurückgelassen wurden.

Gemeinschaftsbad

Waschräume

Duschen und Toiletten befinden sich meist auf dem Flur und werden gemeinschaftlich genutzt. Manchmal verfügen die Mehrbettzimmer auch über ein eigenes Bad. Für saubere Kleidung sorgen münzbetriebene Waschmaschinen und Trockner. Für rund 2 bis 4 AUD (ca. 2 EUR) reinigen sie deine Kleidung im halbstündigen Standard-Kaltprogramm nicht immer fleckenfrei, aber sorgen zumindest für einen frischen Geruch im Gepäck.

Aufenthaltsräume

In den Aufenthaltsräumen kannst du deine Füße hochlegen, eine Runde Billard spielen oder im *book exchange*-Regal nach gebrauchten Büchern stöbern. In den meisten Hostels ist WLAN vorhanden, gratis oder gegen Gebühr und ggf. nur in den Gemeinschaftsräumen. Mitunter gibt es auch Computer mit Internetzugang. Weitere Highlights des Hostels hängen von der Lage ab. Viele Herbergen im tropischen Norden haben einen Swimmingpool, während die städtischen Pendants mit einer Dachterrasse werben. Einige Hostels verfügen zudem über eine eigene Bar oder einen *travel desk*, an dem du Touren oder auch Bustickets buchen kannst.

Get together im Gemeinschaftsraum

Sicherheit

Natürlich besteht in einem Hostel die Gefahr, dass persönliche Dinge abhanden kommen. Dabei muss es sich noch nicht einmal um Handy oder Tablet handeln. Auch die Salami im Kühlschrank oder das Handtuch auf der Wäscheleine sind begehrte Diebesbeute. Sofern das

Zimmer einen Spind hat, verstaue deine Wertsachen darin. Das Schloss musst du selbst mitbringen. Ansonsten lasse Kamera, Notebook & Co. nicht für jedermann sichtbar auf dem Bett liegen. Alles andere ist Vertrauenssache.

Übernachtungspreise

Hostels zählen, zumindest für eine kurze Aufenthaltsdauer, zu den günstigsten Unterkünften. Wie viel du pro Nacht zahlst, hängt ab von Lage, Saison und Ausstattung. Einige Hostels ähneln Bretterbuden und locken den sparsamen Backpacker mit Schnäppchenpreisen. Andere wie die YHA-Hostels entsprechen dem Standard eines Dreisternehotels, verlangen für die hohe Qualität aber mehr Geld.

Je mehr Betten im Zimmer, desto günstiger die Miete. Die Kosten für ein Mehrbettzimmer fangen bei ca. 15 AUD (ca. 9 EUR) pro Nacht an. Für ein Vierbettzimmer zahlst du im Schnitt 25 bis 30 AUD (ca. 15 bis 18 EUR) pro Nacht. Wer mehrere Wochen bleibt, profitiert oftmals von günstigen *weekly rates* oder *long term rates*.

TIPP: ***housekeeping***
In einigen Hostels ist es möglich, wenige Stunden am Tag mit anzupacken (z. B. bei der Reinigung) und dafür die Miete zu reduzieren bzw. ganz zu sparen. Einfach an der Rezeption fragen

8.2 Wohngemeinschaften

Die *shared accomodation* ist eine beliebte Alternative zur Hostelunterkunft, gerade wenn du mehrere Wochen oder Monate an einem Ort bleibst. Hostels sind bei Langzeitaufenthalten trotz Discount meist teurer.

WG-Unterkünfte in Australien sind mit denen hierzulande kaum zu vergleichen. So ist es üblich, dass mehrere Studenten ein Haus mit Pool bewohnen. Wer in den Großstädten in einem der Wolkenkratzer ein Apartment mietet, hat oft einen Jacuzzi, Spa oder Fitnessraum im Gebäude zur freien Verfügung – von der mega Aussicht abgesehen.

Mietbedingungen

Über Anzeigen am Schwarzen Brett, auf Portalen oder in Facebook-Gruppen kannst du die eigenen vier Wände unkompliziert suchen und finden. Die Apartments sind i. d. R. voll ausgestattet. Wohnzimmer, Küche und Bad werden gemeinsam genutzt. Du hast entweder ein eigenes Zimmer oder teilst dir dieses mit einem oder mehreren Mitbewohnern.

Die wöchentliche Miete beträgt im Schnitt 200 bis 250 AUD (ca. 120 bis 150 EUR). Ein Zimmer bzw. Bett in einer WG kannst du im Unterschied zum Hostel nicht mal eben schnell buchen, i. d. R. wird ein Mietvertrag inklusive Kündigungsfrist unterschrieben. Auch eine Mindestmietdauer und einmalige Kaution können anfallen.

TIPP: Vorsicht vor *scams*
Wohnungsanzeigen, die zu gut klingen, um wahr zu sein, könnten Betrugsversuche sein. Unwissende Backpacker zahlen die Miete im Voraus, ohne das Apartment je gesehen zu haben.

Nette WG-Bude, oder?

Der große Pluspunkt einer WG: Du hast einen festen Rückzugsort, ohne dafür auf Gesellschaft verzichten zu müssen. Ganz im Gegenteil: In einer WG treffen Weltenbummler, internationale Studenten und Einheimische aufeinander – nur eben in kleinerer Runde. Zudem fühlst du dich hier weniger als Tourist, sondern mehr als *local*, da du zumeist auch in einer typisch australischen Wohngegend lebst.

Cara W.: Bunter Unterkunfts-Mix
„Von Hostel über Zelt bis zum shared house *war alles mit dabei. Gerade wenn ich neu in eine Stadt kam, wohnte ich meistens im Hostel, damit man erst mal die Stadt und ggf. auch neue Leute kennenlernen kann. Wenn ich dann einen Job gefunden habe, […] habe ich nach einer anderen Unterkunft gesucht, wo man sich wirklich eher ‚zu Hause' fühlen kann und im besten Fall auch Geld sparen kann. In Perth habe ich durch eine Arbeitskollegin in einer WG mit 5 Koreanern gewohnt. In Melbourne habe ich erst mit 3 Freunden gemeinsam in einem 4er-Hostelzimmer gehaust, was sich quasi wie ein eigenes Zuhause angefühlt hat, um dann alle gemeinsam wieder durch eine Arbeitskollegin in ein* shared house *zu ziehen. […] Hostelleben kann doch auf Dauer anstrengend werden. Manchmal ging es aber natürlich auch nicht anders, gerade wenn man nur für kurze Zeit an einem Ort war […]. Während unserer Roadtrips around Straya haben wir dann einfach immer je nach Fortbewegungsmittel im Zelt oder im Van gepennt."*

8.3 Eigenes Auto

Viele Backpacker träumen davon, in einem umgebauten Van über den Fünften Kontinent zu touren. Das eigene Auto verspricht die pure Freiheit und Unabhängigkeit beim Reisen (siehe Seite 167). Weder Abfahrts- noch Check-in-Zeiten, weder die Sorge um zu viel Gepäck noch die Entscheidung zwischen 10- oder 12-Bett-Zimmer bestimmen deinen Rhythmus. Mehr Infos zum Autokauf gibt's im Kapitel 9.3.

Dein Schlafplatz befindet sich im hinteren Teil des Fahrzeugs, sprich im Kofferraum – ein meist enges, aber gemütliches Domizil. Hinzu kommen Schlafsack, Gaskocher, Geschirr, Campingstühle, ein wenig Deko wie Lichterketten und natürlich der *esky*, die Kühlbox – fertig ist dein Eigenheim auf vier Rädern. Wasserkanister samt Schlauch ersetzen die Dusche, Ravioli aus der Dose den Besuch im Restaurant um die Ecke.

Zwar reißen die Anschaffungskosten zunächst ein beträchtliches Loch in deine Reisekasse. Dafür sparst du kräftig bei der Unterkunft. Statt Hostels sind Campingplätze, Nationalparks oder *rest areas* die Unterkunft für die Nacht. Letztere sind sogar meist kostenlos und befinden sich entlang der Highways. Sie verfügen i. d. R. über Sanitäranlagen, die von der Komposttoilette bis hin zu Dusche und WC reichen können. Campingführer wie der Camps Wide Australia oder Apps wie WikiCamps zeigen dir den nächsten Stellplatz für die Nacht.

Good to know: *Respect the locals*
Übernachte aus Respekt vor den Einwohnern nicht in Wohngebieten. In den vergangenen Jahren gab es u. a. in Sydney viele Proteste der Anwohner über Backpacker, die sich in Parks mit ihren Autos häuslich eingerichtet haben und die öffentliche Toilette als Waschraum nutzten.

Camping/Zelten

Schläfst du im Kofferraum nicht allzu komfortabel oder hast mehrere Beifahrer, schlage ein Zelt auf. Zu den liebsten Hobbys der Australier gehört Camping. Landesweit gibt es sehr gut ausgestattete Campingplätze oder schlichte *campgrounds*. Auch *freedom camping* ist erlaubt – oder zumindest nicht offiziell verboten, sofern du nicht mitten in der Stadt oder am Straßenrand zeltest.

Ein Stellplatz für dein Zelt kostet nur wenige Dollar pro Nacht, für ein Auto bzw. einen Camper 25 bis 30 AUD (ca. 15 bis 18 EUR), abhängig davon, ob mit oder ohne Stromanschluss. Die Nutzung der Waschräume und Küche ist inklusive, Waschmaschine und Trockner können nach Münzeinwurf genutzt werden.

Cabin auf einem Campingplatz

In Nationalparks ist die Miete meist noch günstiger, beim *freedom camping* umsonst. Allerdings liegen die Campingplätze zumindest in den Großstädten selten zentral.

8.4 Gastfamilie

Arbeitest du als Au-pair, ist die Unterkunft in einer Gastfamilie im Job „enthalten“. Du lebst nicht nur unter *locals*, sondern bist Mitglied einer Familie und erlebst so Kultur und Alltag der Australier aus direkter Nähe. Außerdem werden sich deine Englischkenntnisse schnell verbessern, da du kaum Deutsch mit deinen Gasteltern reden wirst.

Es ist möglich, auch ohne Au-pair-Job bei einer Gastfamilie unterzukommen. Besonders viele Angebote gibt es in den großen Ballungsgebieten. So liegen die durchschnittlichen Wochenpreise in Melbourne bei 150 AUD (ca. 90 EUR) pro Woche für ein Einzelzimmer.

8.5 Housesitting

Eine Besonderheit ist das sogenannte *housesitting*. Während die Eigentümer im Urlaub sind, passt du auf das Haus auf und wohnst zugleich darin. Auf diese Weise werden nicht nur eventuelle Einbrecher abgeschreckt – du kannst dich auch um die Haustiere kümmern, die Blumen gießen oder den Briefkasten leeren.

Für den „Job“ als *housesitter* gibt es zwar kein Gehalt, aber als Ausgleich ein ganzes Haus für lau. Eine tolle Option, wenn du gerade etwas klamm bei Kasse bist und eine kostenlose Unterkunft suchst. Da man einem Unbekannten natürlich nicht einfach so sein Haus mit Hab und Gut überlässt, muss deine Bewerbung überzeugend sein.

8.6 Couchsurfing

Umsonst schlafen bei Fremden, die womöglich zu Freunden werden oder zumindest ein paar Insidertipps parat haben – so in etwa lässt sich das Prinzip von Couchsurfing beschreiben. Über ein Onlineportal suchst du am gewünschten Ort einen Gastgeber, der dir seine Couch oder sogar das Gästezimmer völlig kostenfrei zur Verfügung stellt, ganz im Sinne des kulturellen Austausches.

Couchsurfing bietet dir eine wunderbare Gelegenheit, Einheimische in ihrer vertrauten Umgebung fernab der Urlauberströme kennenzulernen. Da diese Unterkunftsart eine Registrierung im Onlineportal und die Kontaktaufnahme zum Gastgeber erfordert, ist die spontane Schlafplatzsuche jedoch eingeschränkt. Sie eignet sich vor allem für kürzere Aufenthalte.

8.7 Privatunterkünfte & Ferienwohnungen

Immer beliebter bei Backpackern ist die Übernachtung im Airbnb bzw. in einer Ferienwohnung. Das Angebot ist immens, gerade in den Großstädten. Im Unterschied zum Couchsurfing zahlst du für die Übernachtung. Doch wenn du dich mit mehreren Backpackern zusammenschließt, lässt sich mit einer privaten Unterkunft im Vergleich zum Hostel ordentlich Geld sparen. Wer sich zu zweit für eine Woche ein Airbnb in Sydney mietet, zahlt rund 250 bis 350 AUD (ca. 150 bis 210 EUR).

8.8 Andere Unterkünfte

Bei einigen Jobs ist die Unterkunft bereits enthalten. So schläfst du als Angestellter eines abgelegenen Country Pubs oft auch direkt dort. Farmarbeiter oder WWOOFing-Teilnehmer sind meist ebenso direkt auf dem Gelände untergebracht.

Daneben gibt es noch weitere Schlafquartiere wie Hotels, Motels oder B&Bs. Allerdings sprengen diese oft dein Budget oder sind schlicht nicht abenteuerlich bzw. typisch genug. Denn zu einem „wahrhaftigen“ Work & Travel-Trip gehört eben auch das Nächtigen in den „einzig wahren“ Backpackerunterkünften.

A20
STURT HIGHWAY
Darlington Pt 59
Hay 172
Balranald 303
Adelaide 830

9. Fortbewegen

Die Entfernungen Down Under sind größer.

9. Fortbewegen

Als Work & Traveller möchtest du nicht nur die aufregendsten Jobs machen, sondern auch möglichst viel vom Land sehen. Da Australien ein ziemlich großes Land ist, bist du beim Reisen auf Bus, Bahn & Co. angewiesen – es sei denn, du planst, Australien zu Fuß oder mit dem Fahrrad zu erkunden. Dann nimm dir besser etwas mehr Zeit.

9.1 Entfernungen

Auf dem Fünften Kontinent nehmen die Entfernungen andere Ausmaße an, als du es aus der Heimat kennst. Viele Backpacker unterschätzen die Distanzen. Auf der Landkarte sieht alles so nah aus – zumindest wenn man den Maßstab Deutschland ansetzt. Doch der Maßstab Europa ist sehr viel passender. Um die Distanzen zu verinnerlichen, denke in europäischen Dimensionen. Die Strecke Melbourne – Sydney entspricht der Entfernung zwischen Paris und Prag. Auf der Fahrt von Perth nach Darwin kämst du in Europa nach dem Start in Madrid in St. Petersburg an.

Good to know: Distanzen und Zeitempfehlung (per Auto)

Strecke	Distanz in km	Zeit, mind.
Melbourne – Sydney	880	5 Tage
Sydney – Brisbane	920	6 - 7 Tage
Brisbane – Cairns	1680	10 Tage
Perth – Darwin	4030	21 Tage
Darwin – Alice Springs	1500	6 Tage
Alice Springs – Adelaide	1540	6 Tage
Adelaide – Perth	2700	10 Tage
Adelaide – Melbourne	730	5 Tage

Tourst du entlang der dicht besiedelten Ost- oder Südwestküste, reist du sehr unkompliziert. Die Regionen sind gut mit Bus, Bahn und Flugzeug erschlossen. Im Landesinneren und an der spärlich besiedelten Westküste ist das Verkehrsnetz weniger verzweigt. Hier gelangst du nicht mal schnell von einem Ort zum anderen.

Reist du mit öffentlichen Verkehrsmitteln, bist du auf feste Abfahrtszeiten und Zielorte angewiesen. Alles, was zwischen A und B liegt, bleibt dir verwehrt: die

Abzweigung zu einem versteckten Wasserfall oder der Nachmittag an einem einsamen Strand.

Mit dem eigenen Auto bist du unabhängig unterwegs und brauchst dich nicht um Verbindungen sowie Fahr- bzw. Flugzeiten zu kümmern. Viele Backpacker entscheiden sich für einen bunten Mix aus Bus, Bahn, Auto oder Flug – wie es eben am besten passt. Irgendwo stranden wirst du nicht.

9.2 Eigenes Auto

Ein Roadtrip quer durch Australien – für viele Work & Traveller ein absoluter Wunschtraum, der grenzenlose Freiheit verspricht. Du reist völlig unabhängig und fernab der eingetretenen Wege. Was könnte verlockender sein?

Planst du, nur wenige Wochen mit dem Auto *on the road* zu sein, bist du mit einem Mietwagen deutlich günstiger und stressfreier unterwegs (siehe Seite 170). Erst ab drei Monaten lohnt sich die Anschaffung eines Fahrzeugs wirklich. Und wer ein Auto kauft, muss es früher oder später auch wieder verkaufen. Plane am Ende deiner Reise also ausreichend Zeit ein, sonst stellst du dein Auto mit steckendem Schlüssel am Airport ab und trauerst ums Geld.

LINK: Weiterführende Informationen

- autofahren-australien.de: Hier bekommst du umfassende Infos rund um den Autokauf und das Fahren in Australien.

Ja, das Lenkrad ist auf der rechten Seite.

Vergleiche Angebote beim Autokauf!

Fahrzeugtyp

Der Work & Traveller ist hauptsächlich in drei Fahrzeugtypen unterwegs: Der *station wagon*, ein Kombi, ist die Budgetvariante und für seine Robustheit bekannt. Ein Van bietet mehr Raum zum Leben und ist für viele als „Bulli" der Inbegriff des Roadtrip-Boliden. Wer sich etwas mehr leisten kann, kauft einen Geländewagen, um die vielen Offroad-Pisten entlang zu touren. Von europäischen Modellen ist übrigens abzuraten, da Ersatzteile schwerer verfügbar und deutlich teurer sind als für australische bzw. asiatische Modelle.

Good to know: Durchschnittlicher Kaufpreis

- *station wagon*: 3500 AUD (ca. 2100 EUR)
- Van: 4500 AUD (ca. 2700 EUR)
- 4WD: 6500 AUD (ca. 3900 EUR)

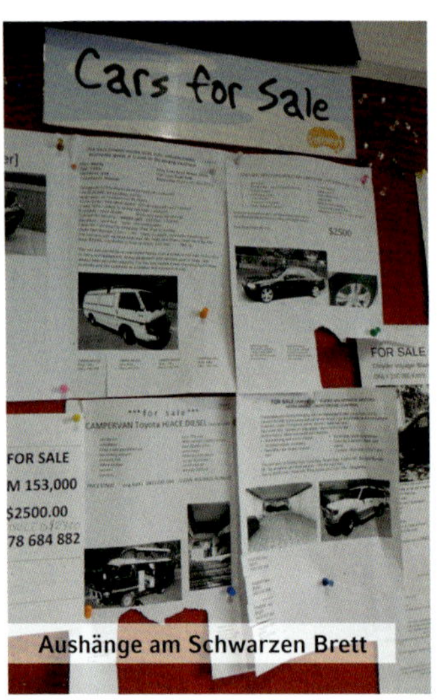

Aushänge am Schwarzen Brett

Autokauf

Der Automarkt unter Backpackern ist ein Selbstläufer. Nach Hause fliegende Traveller wollen ihr Auto möglichst gewinnbringend oder zumindest verlustfrei verkaufen; Neuankömmlinge so wenig wie möglich dafür ausgeben. Kaufst du den Wagen eines Backpackers, erwirbst du zwar einen Gebrauchtwagen, der meist viele Jahre und Kilometer auf dem Buckel hat, aber erhältst zumeist auch die Camping- und „Wohnausstattung". Angebote findest du am Straßenrand, auf speziell dafür eingerichteten Automärkten, auf Onlineportalen, in Facebook-Gruppen oder an den Schwarzen Brettern der Hostels.

Autocheck

Bevor deine Dollars den Besitzer wechseln, fährst du das Auto besser Probe und lässt es ggf. von einem Mechaniker durchchecken. Bei einem Privatkauf gibt es keinerlei Garantien. Qualmt der Motor nach den ersten 200 Kilometern, ist der Umtausch ausgeschlossen, das Geld weg. Andere umrunden mit einem echten Schnäppchen Australien und wechseln lediglich zweimal den Reifen. Eine Portion Glück gehört wohl zum Autokauf dazu.

Mehr Sicherheit beim Kauf bieten dir Händler. Bei ihnen kostet ein Fahrzeug zwar meist mehr, aber eine Garantie ist oft ebenso im Leistungspaket enthalten wie eine Rückkaufoption.

TIPP: Ausstehende Bußgelder
Bußgelder sind in Australien auf das Fahrzeug, nicht auf den Besitzer ausgestellt. Prüfe im Personal Property Securities Register vor Kauf ausstehende Rechnungen: ppsr.gov.au

Registrierung

Jeder Bundesstaat hat eigene Regelungen und Abläufe. Grob zusammengefasst gilt: Die Registrierung, kurz *rego* genannt, bestätigt die Zulassung des Autos auf australischen Straßen und ist für zwölf Monate gültig. Voraussetzung ist i. d. R. die Vorlage des *roadworthy certificates* (auch *pink slip* genannt), das dir nach einer Überprüfung ausgestellt wird. Die Kosten für die *rego* belaufen sich je nach Bundesstaat auf jährlich 700 bis 1400 AUD (ca. 420 bis 850 EUR). Je länger die *rego* also bei Kauf noch gültig ist, desto besser. Die Ummeldung muss innerhalb von 14 Tagen nach Kauf erfolgen.

Versicherung

Vorgeschrieben ist die *compulsary third party insurance* (auch CTP oder *green slip* genannt). Die Haftpflichtversicherung ist an die Registrierung gekoppelt und geht beim Kauf automatisch auf den neuen Besitzer über. Sie deckt verursachte Personenschäden (nicht die des Unfallverursachers) ab. Freiwillig, aber absolut ratsam, ist der Abschluss der Third Party Property Insurance, die im Fall eines Unfalls Sachschäden gegenüber Dritten versichert. Sie kostet pro Jahr 1000 bis 1500 AUD (ca. 600 bis 900 EUR), versichert aber im Zweifelsfall Schäden in deutlich größerer Höhe.

9.3 Mietwagen/Camper

Falls du nicht genug Geld hast oder nur eine bestimmte Route mit dem Auto entdecken möchtest, kannst du einen Wagen bzw. Campervan mieten. Die Auswahl ist groß: Es gibt Anbieter, deren schick ausgestattete Fahrzeuge nicht älter als ein zwei Jahre sind und meist ein großes Loch auf deinem Konto hinterlassen. Und es gibt die auf Backpacker fokussierten Vermieter, deren Fahrzeuge mitunter älter als zehn Jahre, aber deutlich günstiger sind. Möchtest du mit einem normalen Pkw unterwegs sein und nachts im Hostel bzw. unbequem auf der Rückbank schlafen? Oder mietest du lieber einen voll ausgestatteten Campervan, mit dem du unabhängig durchs Land touren kannst? Du hast die Wahl.

Urban Myths: Vermietung erst ab 21/25 Jahren?
Die auf Backpacker fokussierten Anbieter vermieten ihre Flotte meist schon ab 18 Jahren, ohne Zusatzgebühren oder Beschränkungen. Für die Miete eines Pkw oder eines großen Wohnmobils bzw. Geländewagens musst du oft 21 bzw. 25 Jahre alt sein.

TIPP: Keine Miete bei Wicked
Der Vermieter Wicked geht mit absoluten Schnäppchenpreisen auf Backpackerjagd. Allerdings ist er sehr umstritten, nicht nur wegen kontroverser Sprüche auf den Fahrzeugen. So wurden mehrmals Vans aus Sicherheitsbedenken aus dem Verkehr gezogen.

Achtung – bei Dämmerung steigt die Gefahr von Wildunfällen!

Miete & Kosten
Für die Anmietung benötigst du Reisepass sowie Kreditkarte. Jeder eingetragene Fahrer muss zudem seinen Führerschein inklusive internationalem Führerschein vorlegen. Je nach Fahrzeug, Saison, Mietdauer und Route kosten die Fahrzeuge ab 30 AUD/Tag (ca. 18 EUR/Tag), zzgl. Versicherung. Zur Hochsaison können die Mietpreise schnell auf 200 AUD/Tag (ca. 120 EUR/Tag) und mehr ansteigen.

TIPP: Relocation
Besonders günstig sind Deals, bei denen du Fahrzeuge innerhalb einer bestimmten Zeit von A nach B überführst. Du zahlst meist nur den Sprit, musst aber z. B. in drei Tagen von Sydney nach Melbourne fahren. Viel Zeit für Sightseeing bleibt da nicht.

Versicherung

Es ist dir überlassen, ob du eine Versicherung hinzu buchst. Ratsam ist es allemal. Ohne Versicherung liegt deine Selbstbeteiligung im Fall eines Schadens zwischen 2500 und 8000 AUD (ca. 1500 bis 4900 EUR). Diese Summe musst du bei Mietbeginn als Kaution auf der Kreditkarte hinterlegen. Schließt du eine Versicherung ab, kannst du die Kaution/Selbstbeteiligung reduzieren bzw. auf null setzen. Du reist stressfreier und hast bei einem platten Reifen oder Auffahrunfall i. d. R. nichts zu befürchten.

Leonie S.: Roadtrippin

„Nach einem Start in Melbourne ging es spontan weiter die Great Ocean Road entlang, mit dem Campervan einiger Franzosen. Danach war es Zeit für Outback – Adelaide, Coober Pedy, Alice Springs und der Uluru haben mich verzaubert! Der Flieger brachte mich nach Brisbane, wo ich vier Monate […] als Kellnerin in einem hochklassigen Restaurant [arbeitete]. Der Job hat mir so gut gefallen und war so gut bezahlt, meine australischen, belgischen und irischen Freunde in Brisbane habe ich so ins Herz geschlossen, dass ich lieber lange ein und den selben Job machen wollte, als weiterzuziehen. […] All das ersparte Geld gab ich zum guten Schluss für meinen unvergesslichen East Coast Trip aus – sieben Wochen lang im Campervan von Sydney bis Cape Tribulation. […] Mein Aufenthalt in Australien war eine unglaublich prägende Erfahrung – die Tatsache, dass mittlerweile so viele ‚dieses Australien' machen, macht es nicht weniger besonders. […] Doch nur wenn der Abschied schmerzt, weiß man, dass es etwas wert war – oder?"

9.4 Bus

Auch wenn sich einige Fahrten so endlos hinziehen wie Kaugummi, zählen Fernbusse zu den Transport-Klassikern bei Work & Travel. Nichts ist entschleunigender, als aus dem Fenster zu schauen und die vorbeiziehende Kulisse zu erkunden. Ein entspanntes Erlebnis bieten sie allemal: bequeme Sitze, breiter Sitzabstand, Toilette, Wasserspender sowie USB-Ladeanschlüsse. In den Greyhound-Bussen gibt es zudem WLAN und die Möglichkeit der Sitzplatzbuchung. Ungemütlich wird es nur, wenn die Klimaanlage ausfällt oder es noch ewig bis zur nächsten Pause ist.

Streckennetz & Routen

Greyhound ist die größte und einzige Flotte, die landesweit (mit Ausnahme der Westküste) unterwegs ist. Die anderen Anbieter fahren nur in bestimmen Regionen bzw. Staaten: Premier Motor Service entlang der Ostküste, Integrity Coach Lines im Westen und Firefly Express zwischen Sydney, Melbourne und Adelaide.

Von den roten Greyhound-Bussen wirst du viele sehen.

Die Routen sind nicht immer die schönsten, eher die schnellsten. Von Sydney nach Melbourne fährt Greyhound z. B. über Canberra und nicht die Küste entlang. Je nach Strecke starten die Busse ein- bis mehrmals täglich oder mehrmals die Woche. Mache dich auf Abfahrten mitten in der Nacht gefasst. Auch die Fahrzeit kann extreme Ausmaße annehmen: So dauert eine Fahrt von Sydney nach Brisbane knapp 17 Stunden, von Broome nach Darwin satte 27 Stunden!

Buspässe & Preise

Je nach Anbieter kannst du einzelne Strecken oder Buspässe buchen:

- **Kilometerpass:** umfasst eine bestimmte Kilometeranzahl, die im gesamten Streckennetz abgefahren werden kann.
- ***Hop on hop off*-Pass:** feste Route bzw. feste Anzahl an Stopps, mit beliebigem Ein- und Aussteigen entlang der Strecke innerhalb vorgegebener Zeit.
- **Mehrtageskarte:** bestimmte Anzahl an Tagen, an denen man im gesamten Streckennetz beliebig oft und in beliebiger Richtung unterwegs sein kann.

Buspässe lohnen sich, wenn du planst, häufiger mit dem Bus unterwegs zu sein. Nicht aufgebrauchte Kilometer/Tage oder Streckenabschnitte werden ggf. nicht zurückerstattet. Die Bustickets sind zudem namentlich ausgestellt und können nicht übertragen werden.

Die Fernbusse halten nicht in jeder kleinsten Stadt. Reist du tiefer landeinwärts oder in dünn besiedelte Gegenden, kommst du mit den regionalen Bus- bzw. Zuglinien ans Ziel.

> **TIPP: Komfort im Bus**
> - Kissen und Schlafsack/Decke einpacken. Gerade nachts kann es kühl werden.
> - Nach dem Zwiebelprinzip anziehen. Australische Klimaanlagen sind tückisch.
> - Alles Wichtige ins Handgepäck. Der Koffer/Rucksack ist bei Fahrt nicht zugänglich.
> - Auf langen Fahrten für eigenes Entertainment sorgen (Buch, Filme, Musik).

9.5 Bahn

Auch Bahnfahren gehört zu den einmaligen Erlebnissen in Australien. Damit sind weniger die kurzen, regionalen Strecken gemeint, die kaum mehr Abenteuer versprechen als eine Fahrt mit der Deutschen Bahn. Vielmehr sind es jene legendären Routen, die ein Bilderbuch-Panorama versprechen. An dir vorbei ziehen die eindrucksvollen Weiten des Outback, die tosenden Wellen der Meere und die schillernden Wolkenkratzer der Metropolen.

Atemberaubende Routen

Die wohl berühmtesten Zugstrecken sind die der Great Southern Rail, die dich durch mehrere Bundesstaaten führen:

- The Ghan (Darwin, Alice Springs, Adelaide)
- The Indian Pacific (Sydney, Melbourne, Adelaide, Perth)
- Great Southern (Brisbane, Sydney, Melbourne, Adelaide)
- The Overland (Melbourne, Adelaide)

Happig, aber den Preis allemal wert – eine Fahrt mit dem Ghan

Daneben gibt es weitere kürzere und längere Verbindungen im ganzen Land, die eine Fahrt Wert sind. Dazu gehören die Strecken der Queensland Rail, u.a.:

- Spirit of Queensland (Brisbane, Cairns)
- Spirit of the Outback (Brisbane, Longreach)
- The Inlander (Townsville, Mount Isa)

Weitere Anbieter sind NSW TrainLink, dessen Züge durch New South Wales, Victoria, Queensland und Canberra führen sowie TransWa für Fahrten in Western Australia und V/Line in Victoria. Zum Teil werden die Anschlüsse mit Bussen bedient.

Ausstattung & Kosten

Eine Fahrt mit dem Bus oder ein Flug sind deutlich günstiger als eine Fahrt mit den Zügen der Great Southern Rail. Ehemalige günstige „Backpacker"-Kategorien wie den Red Service gibt es leider nur noch im Overland. Die regulären Sitzwaggons sind privaten, teuren Kabinen gewichen. So kostet eine Fahrt mit dem Ghan über 1000 AUD (ca. 600 EUR) in der Nebensaison und günstigsten Kategorie. Kein Schnäppchen für Backpacker, aber dennoch wirklich lohnenswert!

Möchtest du nicht so viel Geld für ein Zugticket ausgeben, nutzte die Angebote der anderen Zugbetreiber. NSW TrainLink und Queensland Rail bieten günstige Sitzplätze, z. T. mit Ermäßigungen für Backpacker, sowie bei Langstreckenverbindungen auch Schlafwaggons. Tickets für den Spirit of the Outback sind schon ab etwas mehr als 150 AUD (ca. 90 EUR) mit Frühbucherrabatt erhältlich.

TIPP: Rail Passes

Mit dem Queensland Coastal Pass, Queensland Explorer Pass oder dem NSW Discovery Pass kannst du mehrere Zugstrecken für eine bestimmte Dauer preisgünstig kombinieren.

Fahrzeiten & Tickets

Die Langstreckenzüge fahren je nach Strecke und Saison ein- bis zweimal pro Woche, auf dicht befahrenen Strecken auch mehrmals pro Woche. Die Abfahrtzeiten der regulären Regionalbahnen sind wie auch hierzulande täglich bzw. mehrmals täglich. Sämtliche Reisen solltest du möglichst im Voraus buchen, gerade in der Hochsaison. Tickets sind über die Website der Betreiber, am Bahnhof oder in Reisebüros erhältlich. Es lohnt sich, die Preise auf deutschen Portalen zu prüfen. Diese sind mitunter deutlich günstiger als die Dollarpreise.

9.6 Inlandsflüge

Ein Land, das über sieben Millionen Quadratkilometer groß ist, bereist du am schnellsten und vergleichsweise günstig mit dem Flugzeug. Aber Vorsicht: Selbst von Cairns nach Perth bist du über fünf Stunden in der Luft – schnell ist also selbst beim Fliegen in Australien relativ.

Qantas, Jetstar und Virgin Australia fliegen landesweit und international, vor allem Richtung Südostasien, Neuseeland und Südpazifik. Besonders dicht ist ihr Netz entlang der Südost- bzw. Ostküste. Als australische „Hausmarke" hat Qantas das größte Streckennetz innerhalb Australiens und bedient mit QantasLink auch kleine Städte bzw. Verbindungen, die andere Airlines nicht anfliegen. Fluglinien wie Rex oder Air North beschränken sich vorrangig auf einzelne Regionen.

Preis-Leistungs-Verhältnis

Wie auch in Europa gibt es Down Under höherpreisige und Low-Cost-Airlines. Qantas und Virgin Australia gehören zu den teureren Fluglinien, während Jetstar und Tiger Air zu den Budget-Airlines zählen. Demnach unterschiedlich sind auch die Tarife, entweder mit oder ohne Gepäck, als Spar- oder Flex-Ticket, mit oder ohne Essen an Bord. Für den 90-minütigen Flug von Sydney nach Melbourne zahlst du mitunter weniger als 100 AUD (ca. 60 EUR).

TIPP: Partner Airlines

Wer seinen Flug nach Australien mit einem Partner von Qantas (u. a. Emirates, Cathay Pacific) oder Virgin Australia (u. a. Etihad, Singapore Airlines) bucht, erhält ggf. vergünstigte oder kostenlose Inlandsflüge in Australien.

Am schnellsten unterwegs bist du mit dem Flieger.

Bei Buchung eines Inlandsfluges gilt das Gleiche wie auch hierzulande: je früher desto besser, entweder online oder über eine Reiseagentur. Schau dir auch die vermeintlich teureren Anbieter wie Qantas an. Regelmäßige Deals bieten hier das ein oder andere Schnäppchen.

9.7 Touranbieter

Falls du kein eigenes Auto hast, Bus- und Bahnfahren aber zu spaßfrei für dich ist, schließe dich einer der unzähligen Backpacker-Touren an, die dich mit Gleichgesinnten aus aller Welt durchs Land führen. Zig Touranbieter und Reiseagenturen richten sich gezielt an junge Leute wie dich. Sie versprechen viel Spaß und Abenteuer mit einem Schuss Kultur. Das Angebot reicht von Tagesausflügen über mehrtägige Touren bis hin zu wochenlangen Reisen. Die Gruppen sind mit zehn bis 15 Leuten i. d. R. klein gehalten.

Unterwegs im Tourbus

Die Verpflegung ist meist inklusive, geschlafen wird in Hostels oder unter freiem Himmel. Häufig helft ihr bei der Zubereitung des Essens oder beim Aufbau des Camps. Der Tourguide versorgt dich und die anderen mit Infos, Späßen und Insidertipps. Viele Aktivitäten sind im Preis inklusive, andere optional buchbar.

Enden die Touren an einem anderem Ort, nimmst du dein gesamtes Gepäck mit. Ansonsten lässt du es einfach im Hostel oder Bahnhof. Die Touren kannst du bequem übers Internet, an den *travel desks* der Hostels sowie bei den Reiseagenturen für Backpacker buchen.

TIPP: Oz Experience/Stray Travel

Anders als bei den meisten Touren hast du hier keinen festen Ablauf. Durch inkludierte *hop on hop off*-Pässe mit Bus bzw. Bahn kannst du deine Tour freier gestalten.

9.8 Fähren

Deine Reiseroute führt dich vielleicht auf die ein oder andere Insel. Manche sind mit dem Flugzeug, andere auch oder nur mit der Fähre erreichbar. Auf einigen Fähren wie der nach Tasmania oder Kangaroo Island kannst du dein Auto bzw. deinen Mietcamper (nach Rücksprache mit dem Vermieter) mitnehmen. Die Preise sind nicht gerade günstig. Für eine Reise nach Tasmania nimm daher, wenn möglich, das Flugzeug. Das spart dir viel Zeit und Geld sowie einen rauen Seegang und Übelkeit.

Die Fähren fahren je nach Destination mehrmals täglich bzw. stündlich und können unkompliziert online gebucht werden.

Fähre nach Fraser Island

9.9 Per Anhalter/Mitfahrgelegenheit

Per Anhalter fahren, oder *hitchhiking*, zählt nicht zu den empfehlenswerten Fortbewegungsarten in Australien. In einigen Bundesstaaten wie Queensland und Victoria ist es, je nach Auslegung des Gesetzes, sogar illegal.

Zugegeben: In den meisten Fällen wirst du wohlbehalten am Ziel abgesetzt. Australier sind ungemein hilfsbereit und aufgeschlossen. Sehen sie jemanden am Straßenrand stehen – sei es bei einer Panne oder weil jemand eine Mitfahrgelegenheit sucht – halten sie die Tür auf, vor allem in den ländlichen Gebieten.

Gerade dort ist der Verkehr jedoch sehr spärlich, was die Erfolgsaussichten des Daumenhochhaltens verringert.

Eine Alternative sind Mitfahrgelegenheiten. In Facebook-Gruppen, auf Internetportalen oder an den Schwarzen Brettern der Hostels findest du Anzeigen, die einen *lift* anbieten. Ein Backpacker hat in seinem Auto noch Plätze frei und sucht Mitfahrer, die die gleiche Richtung einschlagen wollen – gegen Benzinbeteiligung natürlich.

Sowohl beim klassischen Trampen als auch bei der Mitfahrgelegenheit lasse dein Bauchgefühl und gesunden Menschenverstand sprechen: Hast du ein ungutes Gefühl, steige nicht ein!

9.10 Special Interest: Radfahren/Wandern

Ja, es gibt sie, die Work & Traveller, die zu Fuß oder radelnd unterwegs sind. In den seltensten Fällen möchten sie dabei Sack und Pack mit sich herum schleppen. Vielmehr stehen ausgewählte Routen an, auf denen man Down Under in einem etwas kleineren Maßstab entdeckt.

Radfahren

Radfahren wird in Australien immer beliebter, auch wenn das Auto in der Verkehrshierarchie ganz weit oben steht. In den Großstädten kannst du dir dank der *bike sharing*-Angebote im Zentrum unkompliziert Fahrräder mieten, in Adelaide sogar kostenfrei. Unzählige Touranbieter verlegen ihre Stadtführungen aufs Rad – die Nachfrage ist also hoch und wird bestens bedient.

Fahrradmiete in Melbourne

TIPP: Helmpflicht!
In Australien gilt Helmpflicht! Die Bußgelder bei Verstoß sind hoch. Sonnenschutz und reichlich Wasser sind unabdinglich bei jeder Tour, gerade im Sommer.

Außerhalb der Städte erwarten dich viele ausgewiesene Radwege, die malerisch in die Natur eingebettet sind. Sie reichen von wenigen Kilometern bis hin zu mehrtägigen Routen. Unter ihnen stechen besonders Mountainbike-Pisten wie der Munda Biddi Trail in Western Australia und die landesweiten Rail Trails hervor – ehemalige Bahntrassen, die in Wander- bzw. Radwege umgebaut wurden. Orte wie Rottnest Island sind für den Verkehr gar nicht erst freigegeben und können entspannt mit dem Rad entdeckt werken. Die süßen Quokkas danken es mit einem Lachen.

I want to ride my bicycle ...

Wandern

These boots are made for walking – deine auch? Dann nichts wie ab nach draußen! Australien ist ein Outdoor-Paradies für Backpacker, die gerne zu Fuß die Umgebung erkunden, auf Rundgängen in den Städten, abwechslungsreichen Wanderrouten in den Bergen oder mehrtägigen Hiking Trails.

Gerade die Nationalparks durchziehen unzählige Wanderrouten, angefangen bei einstündigen Abstechern bis hin zu tausend Kilometer langen Märschen. Für jede Fitness ist etwas dabei. Beliebte Wanderregionen sind z. B. die Grampians in Victoria oder die Blue Mountains in New South Wales.

Zu den beliebten mehrtägigen Hikingtouren zählen u. a. der Overland Track auf Tasmania, der Cape to Cape Track in Western Australia oder der Larapinta Trail im Northern Territory. Kurzweilige Wanderungen wie der Coogee to Bondi Coastal Walk in Sydney oder der Base Walk um den Uluru versprechen tolle Eindrücke – und weniger Muskelkater am Tag danach.

Feste Schuhe, reichlich Sonnenschutz und viele Liter Wasser sind auf jeder Wanderung ein Muss – egal, wie lang deine Füße dich tragen müssen.

Simon B.: Wanderleidenschaft

„Eigentlich bin ich schon immer gerne Wandern gegangen, aber immer nur Tagestouren. In Tasmania hab ich allerdings die Herausforderung angenommen, eine Mehrtagestour mit Zelt zu planen und allein durchzuziehen. Schließlich bin ich zwei Wochen lang allein mit Zelt durch die tasmanische Wildnis gewandert. Eine wahre Survivaltour! Nur dadurch, dass ich das ein mal ausprobiert habe, habe ich darin meine Leidenschaft gefunden. So habe ich in Australien noch einige weitere Trekkingtouren gemacht. Dieses neu entdeckte Hobby wird fortan mein Leben prägen."

Hiking in den Grampians, Victoria

BILLABONG
ROADHOUSE
HAPPINESS
IS AN
INSIDE
JOB

10. Leben & Erleben

Absolut passendes Motto für dein Work & Travel

10. Leben & Erleben

Du magst dich zwar auf einer abenteuerlichen Reise befinden, doch zu jedem Abenteuer gehört auch ein wenig Alltag. Schließlich musst du deinen Bauch mit Futter versorgen, das WG-Zimmer putzen oder deine kaputten Jeans gegen neue eintauschen. Zwischendurch tourst du durch die Weiten Australiens und gehst deiner Wanderlust nach. Nicht immer wird alles perfekt verlaufen. Dein Heimweh heftet wie eine Klette an dir oder der Reisepass ist unauffindbar. Doch genau diese Ups & Downs machen dein Work & Travel so erinnerungswürdig.

10.1 Täglicher Bedarf

Lebensmittel

In Australien gibt es deutlich weniger Supermarktketten als hierzulande. Die beiden großen Anbieter sind Coles und Woolworths. Ihr Sortiment reicht über Lebensmittel und Drogerieartikel bis hin zu Schreibwaren und Haushaltsartikeln. IGA als drittgrößter Anbieter ist deutlich seltener vertreten, meist kleiner im Angebot und teurer in den Preisen.

Good to know: Einkaufen mal anders

- In australischen Supermärkten sind *self-checkout*-Kassen üblich.
- An den regulären Kassen packen Mitarbeiter deinen Einkauf in Beutel.
- Beträge werden auf 5, 10, 15 Cent usw. auf- oder abgerundet.
- Alkoholische Getränke gibt es nur in separaten *bottle* oder *liquor shops*.

Einkaufsfeeling wie daheim gibt's bei Aldi

Discounter wirst du in Australien mit Ausnahme einer Kette nicht finden: Aldi. Der deutsche Anbieter ist ein wahrer Segen, nicht nur für das Budget der Einheimischen, sondern auch für das des Backpackers! Die gesamte Einrichtung – und mitunter auch die Produkte – lassen Heimweh in dir aufkommen. Zu Weihnachten bekommst du Glühwein und Lebkuchen wie daheim! Leider ist Aldi derzeit fast nur an der Ostküste und in den anderen Großstädten vertreten.

TIPP: Deutsche Konkurrenz
Mit Kaufland – und in ferner Zukunft womöglich auch Lidl – ist demnächst ein weiterer deutscher Supermarkt in Australien vertreten.

In den Innenstädten gibt es außerdem zahlreiche 7/11-Stores. Diese ähneln jedoch eher Kiosken und sollten nur für kleine Einkäufe zwischendurch herhalten.

Paradies für Schnäppchenjäger

Shopping

Ausgiebige Shoppingtouren unternimmst du als Backpacker wohl kaum, sonst platzt dein Rucksack aus allen Nähten. Doch ein neues Paar Flipflops, Campingstühle für den Van oder ein besseres Kameraobjektiv sind bestimmt mal drin.

Target, Big W und Kmart sind die Shopping-Allzweckwaffen! Hier gibt es gefühlt alles und unglaublich günstig: Bekleidung, Haushaltsprodukte, Camping-Zubehör, Elektronik, Bücher, Schreibwaren, Süßigkeiten, Getränke etc. Trotz der Schnäppchenpreise sind es keine Ramschläden!

Good to know: Weitere Geschäfte

Kleidung	H&M, Zara, Billabong, Cotton On, Jeanswest, Just Jeans, Quicksilver, Rip Curl, Valleygirl
Elektronik	Dick Smith (online), Harvey Norman, JB HI-FI
Baumärkte	Bunnings, Mitre 10
Camping-Zubehör	Aussie Disposals, OZtrail

Gewöhne dich an etwas andere Öffnungszeiten: Die meisten Läden, außer denen im Zentrum der Großstädte, schließen gegen 17/18 Uhr. Die Supermärkte haben länger geöffnet, je nach Lage auch bis Mitternacht. Dafür sind die Geschäfte sonntags geöffnet.

Ikone unter den Süßigkeiten: Tim Tams

10.2 Kommunikation

Internet

Mit deinem Smartphone und der australischen SIM-Karte (siehe Seite 83) bist du online. Alternativ kannst du in den Hostels oder Internefcafés im Web surfen, Dinge kopieren oder ausdrucken. Außerdem gibt es Down Under unzählige Möglichkeiten, gratis WLAN (Wifi) zu nutzen, u. a.:

- in öffentlichen Bibliotheken,
- an öffentlichen Hotspots (z. B. Federation Square in Melbourne),
- in Geschäften/Cafés (z. B. McDonald's oder Starbucks),
- in Shopping Malls,
- in Backpacker *travel agencies*.

In Australien ist die Post rot.

Post

Möchtest du ein Paket in die Heimat verschicken, mach dich auf horrende Kosten gefasst. Sofern deine Post nicht mehrere Monate auf dem Frachtschiff unterwegs sein soll, musst du für ein Paket von etwa fünf Kilo um die 100 AUD (ca. 60 EUR) berappen. Planst du Kleidung nach Hause zu schicken, da sie nicht mehr ins Gepäck passt, recherchiere die Gebühren für ein zusätzliches Gepäckstück bei der Airline. Im Zweifelsfall kommst du damit günstiger.

LINK: Post

- auspost.com.au

Ein Paket von Australien nach Deutschland benötigt im Schnitt zwei Wochen. Wenn du Pech hast, landet es im Zoll und muss dort abgeholt und geöffnet werden. Ebenso lange dauert es, ein Paket von Deutschland nach Australien zu verschicken. Wichtig dafür ist das Ausfüllen der Zollinhaltserklärung CN 23. Informiere dich zuvor, was nach Australien verschickt werden darf. Lebensmittel sind prinzipiell kein Problem, sofern sie nicht frisch und in der Originalverpackung eingeschweißt sind.

Poste Restante

Erwartest du einen Brief oder ein Paket aus dem In- oder Ausland, bist aber gerade auf Reisen, kannst du es an eine Postfiliale schicken lassen. Dort wird es kostenlos für 30 Tage aufbewahrt. Für die Abholung benötigst du lediglich deinen Reisepass. Die Adresse der Postfiliale (am besten die des GPO, General Post Office) kannst du über die Website der Australischen Post herausfinden. Die Empfängeradresse muss beispielhaft wie folgt aussehen:

Max Musterfrau
C/O Brisbane GPO
QLD 4000

TIPP: Postweiterleitungsservice
Reist du mit einer Organisation (siehe Seite 21), kannst du deine Post an das jeweilige Partnerbüro vor Ort schicken und dort aufbewahren lassen. Die Mitarbeiter scannen die Post für dich ein und schicken sie dir per E-Mail. Auch ohne Organisation kannst du den Service der Backpacker-Büros nutzen.

Kontakt halten

Über Social Media und Chatdienste wie Messenger, Whatsapp und Skype ist es unglaublich einfach, mit den Lieben daheim in Kontakt zu bleiben. Einziges Hindernis ist die Zeitverschiebung. Suche dir gratis WLAN oder lade Guthaben in deinen Skype Account hoch – schon telefonierst/chattest du völlig kostenfrei (oder günstig) mit der Heimat. Je nach australischem SIM-Karten Anbieter sind in deinem Tarif zudem internationale Anrufe enthalten, siehe Seite 83.

Good to know: Anrufe aus Australien in die Heimat

- Deutschland: 001149 bzw. +49
- Österreich: 001143 bzw. +43
- Schweiz: 001141 bzw. +41

Bist du eher offline unterwegs, sind die Telefonzellen und Festnetzanschlüsse deine Kontaktbörse. In den Zeitungsläden, bei der Post und vielen Geschäften erhältst du normale Telefonkarten oder sogenannte *calling cards* bzw. *phonecards* für internationale Gespräche. Die Karten verfügen über ein festes Guthaben, das du wie Prepaid aufladen kannst. Je nach Anbieter kostet ein Anruf nach Deutschland weniger als ein Cent pro Minute auf das Festnetz (Mobilfunk meist teurer).

TIPP: Anruf von Deutschland nach Australien
Unter www.billiger-telefonieren.de/auslandsvorwahlen finden deine Angehörigen günstige Sparvorwahlen, um dich anzurufen. Der Ländercode für Australien ist +61 oder 0061.

Geführte Backpacker-Touren sind beliebt.

10.3 Freunde finden

Reist du allein nach/durch Australien, fragst du dich vielleicht, wie du vor Ort Leute kennenlernst. Nichts ist leichter als das – du darfst nur nicht schüchtern sein und darauf warten, dass andere dich ansprechen. Gehe unverbindlich und locker auf andere Menschen zu und lass deine bescheidenen Englischkenntnisse kein Hemmnis zur Kontaktaufnahme sein. Glaube mir, die Franzosen haben einen viel schlimmeren Akzent als wir.

- Hostels sind eine unglaublich gute Kontaktbörse. Setz dich zu anderen Backpackern an den Küchentisch oder sprich deine Mitbewohner im Zimmer an. Smalltalk über „Wo bist du schon so herum gekommen?“ brechen das Eis.
- Nimm an den Social Events teil, die von Hostels oder Backpacker-Agenturen angeboten werden. Beim gemeinsamen *pub crawl* oder bei Stadtführungen kommst du leicht mit anderen ins Gespräch.
- Buche eine Backpacker-Tour und entdecke gemeinsam mit anderen Weltenbummlern für mehrere Tage oder Wochen Australiens Naturwunder.
- Suche online nach *travel buddies* für den Tag oder deine nächste Tour.

Mach dir keinen Kopf, ob die Leute, die du dabei kennenlernst, auch wirklich „zu dir“ passen und die Treffen eher anstrengend steif als feuchtfröhlich verlaufen. Wenn der Funke nicht überspringt, trennen sich eure Wege danach einfach wieder. Viele Bekanntschaften bleiben oberflächlich. *So what*? Für den Moment hattest du Weggefährten, mit denen du Australien gemeinsam erleben konntest. Mit einigen anderen wirst du ein Leben lang in Kontakt bleiben.

10.4 Sightseeing

Informationen

Du kannst Australien entweder auf eigene Faust entdecken oder dich Touren anschließen, je nachdem, ob du mit dem Auto unterwegs bist, lieber in Gruppen reist oder Orte entdecken möchtest, zu denen du allein nicht kommst.

Achtung: Lookout!

Informationen zu den Sehenswürdigkeiten erhältst du in den unzähligen Touristeninformationen, selbst in den kleineren Orten. Hier kannst du dich mit kostenlosem Info- und Kartenmaterial eindecken. Frage andere Backpacker und auch *locals*, was es vor Ort zu entdecken gibt – letztere wissen bestimmt einige *hidden gems*. Oder fahre einfach draus los und folge den braunen Verkehrsschildern, die ein *lookout*, *waterfall* oder anderen *point of interest* versprechen.

In vielen Hostels gibt es außerdem *travel desks*, an denen du deine nächste Tour, einen Mietwagen oder Bungee-Jumping buchen kannst. Alternativ findest du im Stadtzentrum Reiseagenturen, die sich auf Backpacker spezialisiert haben. Oftmals hängen dort auch Job- und Verkaufsanzeigen.

Must See & Must Do

Was du sehen und erleben möchtest, liegt völlig bei dir. Die einen verbringen den Tag am Strand, manche erklimmen atemlos den nächsten Gipfel, andere haben lieber den Staub des Outback statt Teer unter ihren Füßen. Selbst an Sydney scheiden sich die Geister: Für den einen das Nonplusultra Australiens, für den anderen eine x-beliebige Stadt. Und auch die Meinungen zum Uluru reichen von „muss man unbedingt gesehen haben" zu „ist doch nur ein Fels in der Wüste".

Angebote über Angebote

Statt einer *bucket list* zum Abhaken findest du hier die Highlights ehemaliger Backpacker – auf dass sie Inspiration für deinen Trip sind!

TIPP: Highlights in Australien

- Australiens Geschichte im National Museum of Australia erfahren, ACT
- Canberra im Panorama vom Mount Ainslie entdecken, ACT
- Silvester im Hafen von Sydney verbringen, NSW
- Surfen wie ein *local* in Byron Bay, NSW
- der Traumzeit der Aborigines beim Base Walk am Uluru nachträumen, NT
- unter rauschenden Wasserfällen im Litchfield National Park schwimmen, NT
- im größten Sandkasten der Welt – Fraser Island – spielen, QLD
- über das Heart Reef des Great Barrier Reef fliegen, QLD
- unter der kühlenden Erde in Coober Pedy schlafen, SA
- Koalas, Kängurus & Co. im Zoo ohne Zäune – Kangaroo Island – ganz nahe kommen, SA
- in der Wildnis Tasmanias den Tasmanischen Teufel aufspüren, TAS
- die südlichen Polarlichter sehen, TAS
- Roadtrippin' entlang der Great Ocean Road, VIC
- einen leckeren Flat White in Melbourne schlürfen, VIC
- glücklich sein am Lucky Beach im Cape le Grand National Park, WA
- mit Walhaien schwimmen im Ningaloo Reef, WA
- überwältigt sein vom Anblick der Milchstraße
- auf dem weltweit zweitlängsten Highway 1 Australien umrunden

10.5 Notfälle

Als Backpacker magst du zwar mit einer rosaroten Brille durch Australien reisen, aber nicht immer verläuft alles rosig. Doch keine Sorge: Die meisten Work & Travel-Wehwehchen sind schnell und unkompliziert behoben – oder treten gar nicht erst auf.

Good to know: Notrufnummern

- Rettungsdienst, Polizei, Feuerwehr: 000
- Poisons Information Hotline: 13 11 26
- State Emergency Service (Flut, Sturm): 13 25 00
- Notfallnummer für Touristen: 1300 555 135

Krankheit

Wirst du während deiner gesamten Zeit in Down Under nicht krank, leistet dein Immunsystem beste Arbeit. Zwickt der Bauch, glüht die Stirn, knackt das Knie oder pocht der Zahn, suche einen Arzt auf. Dafür hast du eine Auslandskrankenversicherung abgeschlossen (siehe Seite 43). Bist du dir unsicher, welche Leistungen übernommen werden und in welcher Höhe, frage bei deinem Versicherer nach.

Apotheken gibt es wie Sand am Meer.

Mit Ausnahme von Zahnbeschwerden suchst du zunächst einen GP auf, einen Allgemeinmediziner. Dieser überweist dich, wenn nötig, zu einem Facharzt. Für die Vorsprache fällt ebenso eine Gebühr an wie für die eigentliche Behandlung. Du streckst die Behandlungskosten i. d. R. vor. Nach Einreichen aller Unterlagen (Rechnung, Attest) bekommst du das Geld von deiner Auslandskrankenversicherung zurückerstattet. Sind die Kosten sehr hoch, z. B. bei einer Operation, vereinbart die Versicherung meist eine direkte Kostenübernahme mit dem Krankenhaus.

TIPP: Supermarkt & Drogerie
Nicht immer ist der Gang zum Arzt nötig: Viele Arzneimittel gibt es rezeptfrei in Supermärkten. Möchtest du dich beraten lassen, suche einen *chemist* (Drogerie) oder *pharmacy* (Apotheke) auf.

Diebstahl/Verlust

Reisepass

Ist dein Reisepass abgelaufen, hast du ihn verloren oder wurde er gestohlen, steht die Deutsche Botschaft in Australien auf deinem „Sightseeing-Plan“. Abhängig von Bedarf und Dringlichkeit erhältst du hier einen regulären oder vorläufigen Reisepass bzw. einen „Reiseausweis als Passersatz“. Für die Beantragung benötigst du einen Termin bei der Botschaft in Canberra oder in den Konsulaten der anderen Großstädte. Die Ausstellung erfolgt je nach Passart sofort oder nimmt einige Tage/Wochen in Anspruch. Hilfreich für die Bearbeitung ist es, wenn du eine Kopie des Reisepasses vorlegen kannst. Erforderliche Unterlagen:

- Antragsformular
- biometrische Passfotos
- ggf. polizeiliche Verlust- bzw. Diebstahlanzeige
- ggf. Identifikationsnachweise (z. B. Geburtsurkunde oder Anmeldebescheinigung)

LINK: Deutsche Botschaft

- australien.diplo.de/au-de/service/02-reisepaesse

Führerschein

Kommt dein Führerschein abhanden, kann nur die Fahrerlaubnisbehörde in der Heimat einen neuen ausstellen. Dafür musst du i. d. R. persönlich vorsprechen. Sofern du weiterhin in Australien fahren möchtest, erkundige dich bei der jeweiligen Behörde deines Wohnsitzes in der Heimat nach Möglichkeiten, diesen von Australien aus zu beantragen.

Wurde dein Führerschein gestohlen, reiche eine Anzeige bei der Polizei ein. Die Bestätigung darüber ersetzt zwar nicht deinen Führerschein, kann aber mitunter im Fall einer Verkehrskontrolle das Bußgeld für das Nichtführen der Fahrerlaubnis verhindern.

Bankkarten

Bei Verlust oder Diebstahl deiner Bank- und Kreditkarten ist es wichtig, diese schnellstmöglich zu sperren, damit keine unbefugten Abbuchungen erfolgen. Die Sperre erfolgt über die Hotline deiner Bank, der Kreditkartenfirma oder für deutsche Karten über den zentralen Sperrnotruf. Während du deine australische Bankkarte jederzeit vor Ort neu beantragen kannst, schickt dir deine heimische Hausbank eine Ersatzkarte entweder ins Ausland oder an deinen Wohnort daheim. Erkundige dich nach deinen Möglichkeiten und eventuell anfallenden Zusatzkosten.

Good to know: Notrufnummern

- Zentrale Sperrrufnummer: +49 116 116 oder +49 30 4050 4050
- MasterCard: +1 636 7227 111
- Visa: 1 800 125 440 (in Australien)
- American Express: +49 (0)69 9797 - 1000
- Diners Club: +49 69 900 150-135 oder 136

Ist dein australisches Bankkonto gähnend leer und benötigst du dringend Geld, um über die Runden zu kommen, kannst du dir über Anbieter wie TransferWise Geld überweisen lassen, siehe Seite 86. Hast du kein Konto in Australien, sind Geldtransferanbieter wie Western Union oder Moneygram eine Alternative. Angehörige daheim überweisen Geld, das du dir nach wenigen Minuten in einer Filiale der Anbieter vor Ort in bar auszahlen lassen kannst.

10.6 Krisen

Work & Travel ermöglicht Spaß und Begeisterung, garantiert beides aber nicht. Auch wenn deine Vorfreude und dein Fernweh vor deiner Abreise unendlich waren, können sie in Australien völlig unerwartet flöten gehen.

Heimweh

Für Work & Travel am anderen Ende der Welt lässt du Familie und Freunde zurück. Natürlich kannst du unkompliziert mit den Liebsten in Kontakt sein. Nur ersetzt die digitale Nähe nicht die tröstende Umarmung, wenn der Kummer Überhand nimmt. Selbst wenn du vorher noch nie Heimweh hattest, ist Work & Travel doch etwas anderes als der zweiwöchige Urlaub in England.

Heimat in der Ferne

Was tun: Gerade zu Beginn, wenn alles neu für dich ist, überflügelt das Heim- oft das Fernweh. Gib dir einen Moment zum Einleben – und du wirst sehen, dass mit der steigenden Freude an Australien der Gedanke an Zuhause vergeht. Bleibst du hingegen mit Kopf und Herz in der Heimat, sollten auch deine Füße den Weg zurück nach Hause antreten.

Cara W.: Was tun bei Heimweh

„Sollte sich mal der ein oder andere schlechte Gedanke in meinen Kopf gedrängelt haben, habe ich erst einmal daran gedacht, dass ich in Australien bin. […] Wer kann das schon von sich behaupten?! Da kann es einem einfach nicht schlecht gehen. Außerdem musste ich bei Heimweh-Gedanken immer daran denken, dass es ja eine Reise auf Zeit ist, also spätestens zwölf Monate später muss ich ja eh ausreisen und sehe meine Familie wieder. Das hat mir immer so sehr geholfen, dass ich eigentlich nicht einmal daran gedacht habe, den Aufenthalt abzubrechen."

Kein Job, kein Geld

Hast du ein wenig über deinem Budget gelebt und kannst auf die Schnelle keinen Job finden, wird dein Work & Travel zu einer Tortur. Leere Bankkonten sind zwar nicht oft, aber eben auch nicht selten ein Grund für eine vorzeitige Rückreise. Wehe dem, der dann mit einem One-Way-Ticket nach Australien gereist ist ...

Was tun: Spare so viel wie möglich vor deiner Abreise und achte auch in Australien auf dein Budget. Ein geiziger Work & Traveller musst du nicht sein, aber einer, der seine Ausgaben im Blick hat, um rechtzeitig und entspannt auf Jobsuche zu gehen. Bleibt der Joberfolg aus, dann nichts wie weiter und woanders dein Glück versuchen.

Ein Leben aus dem Rucksack

Backpacker-Lifestyle

Kein Tag im Leben eines Backpackers gleicht dem anderen. Du nimmst das Leben so, wie es gerade kommt. Doch was passiert, wenn die pure Unabhängigkeit plötzlich anstrengend wird? Vielleicht fehlt dir das Alleinsein und du hast die ständige Traube an mitreisenden Backpackern satt. Oder du sehnst dich einfach nach deinem eigenen Bett oder bist es Leid, aus dem Rucksack zu leben.

Was tun: Nicht jeder ist für Work & Travel geschaffen – zu ungeplant, zu unvorhersehbar, zu anstrengend. Ein wenig Konstanz beim Backpacking schadet in diesem Fall nicht. Jeder noch so große Abenteurer braucht gelegentlich eine Verschnaufpause. Also reise langsam und bleibe auch mal für längere Zeit an einem Ort.

Land & Leute

Manchmal liegt es auch einfach am Land selbst oder der Mentalität der Einwohner, dass man früher als geplant nach Hause reisen möchte. Australien ist ohne Frage ein Land voller Naturwunder, aber mit einer westlichen Kultur. Die Aussies sind zwar unglaublich gastfreundlich und aufgeschlossen, aber bisweilen oberflächlich und unverbindlich.

Was tun: Australien muss nicht dein Paradies auf Erden sein. Manchmal erfüllt ein Land unsere Erwartungen einfach nicht. Wechsle ab und an deine Perspektive und reise abseits der Wege, um andere Facetten kennenzulernen. Wer nur an der Ostküste unterwegs ist und ein Urteil über Australien fällt, tut dem Land Unrecht.

Zu Weihnachten fehlt mitunter die Familie.

Viele Work & Traveller sind vorübergehend niedergeschlagen, finden ihre Euphorie aber früher oder später wieder. Kann dich nichts und niemand aufheitern, setz dich in den Flieger nach Hause. Work & Travel hat keine verbindliche Dauer, die dich zwingt, bis zum bitteren Ende durchzuhalten. Vorzeitig zurückzukehren ist kein Zeichen von Schwäche. Fühle dich nicht wie ein Versager, sondern stehe zu deiner Entscheidung – egal, was andere von dir denken. Vielleicht hast du nicht so viel erlebt, aber umso mehr über dich selbst und deine Grenzen gelernt. Nur gehe nicht, ohne gründlich darüber nachgedacht und es versucht zu haben. Nichts ist schlimmer, als die Entscheidung später zu bereuen. Eine zweite Chance gibt es nicht – zumindest nicht in Australien.

10.7 Do's & Dont's

Tipps ehemaliger Backpacker für eine unbeschwerte Zeit in Australien:

Do's

- *best plan – no plan*!
- offen und spontan für Neues sein
- weniger Touren buchen, mehr selbst machen
- konsequent Englisch sprechen
- den Augenblick genießen
- von Land und Leuten mitreißen lassen
- Handy und PC einfach mal aus lassen
- wenn Dinge schief gehen, mit Humor nehmen
- mehr vor der Abreise sparen

Dont's

- nur mit Deutschen zusammen sein
- den erstbesten Job annehmen
- sich von Zweifeln ausbremsen lassen
- Angst haben vor dem allein Reisen
- Gedanken machen, was passieren oder nicht klappen könnte

Lisann H.: Einfach machen

„Gebt den Dingen Zeit und habt Vertrauen in euch und das, was noch vor euch liegt. Seid mutig und springt [...] auch mal über euren eigenen Schatten und seht, wie unberechtigt einige eurer Ängste sind [...]. Genießt [...] jeden einzelnen Tag und schafft Erinnerungen, die euch ein Leben lang begleiten werden [...]. Ich habe mich wahnsinnig auf dieses Abenteuer gefreut, auch wenn ich nicht im Ansatz wusste, was mich die nächsten Monate erwarten wird. Direkt nach meiner Ankunft im Hostel war ich ziemlich aufgelöst, wollte am liebsten direkt wieder zurück nach Deutschland und habe mich gefragt, was ich denn hier für eine Schnapsidee gestartet habe, [...] ohne jegliche Pläne ‚einfach mal so' ans andere Ende der Welt zu reisen. Dieser Gefühlszustand hielt zwar noch ein paar Tage an, hat sich dann aber auch gelegt. Vor allem als ich angefangen habe, aktiv die kommende Zeit zu gestalten. [...] Die Abenteuer werden nicht von allein zu euch kommen. Ihr seid verantwortlich dafür, wie euer Auslandsaufenthalt verläuft, und ihr habt zu jedem Zeitpunkt selbst in der Hand, wie die Story verläuft. [...] ‚no worries'. Diese zwei Worte sind mir [...] so oft begegnet und im Laufe der Zeit hat sich dieser Ausdruck einfach nur bewahrheitet. Ich brauchte nämlich zu keinem Zeitpunkt wahrhaftige ‚worries' zu haben. [...] Findet einen Weg für euch, mit den etwas schwierigeren Situationen oder Phasen umzugehen. Denn diese werden kommen, egal, ob ihr nun daheim seid oder im Ausland. Das ist die wohlbesagte Achterbahnfahrt des Lebens. Und ihr könnt entscheiden, ob es eine [...] geile Achterbahnfahrt wird oder nicht. Mein Aufenthalt in Australien war großartig! Ich wage es sogar zu behaupten, dass es die bisher beste Zeit meines Lebens gewesen ist."

10.8 Eine Frage des Respekts

Auch wenn Work & Travel die große Freiheit verspricht, ist es kein Freibrief für leichtsinnige oder anmaßende Taten. Das Verhältnis zwischen Australiern und Backpackern ist inzwischen leicht abgekühlt, da einige Weltenbummler ihre Gastrechte im Land deutlich überschätzen. Trotz der Easy-Going-Mentalität gelten auch in Australien Regeln, an die du dich zu halten hast – selbst wenn sie deine Abenteuerlust ein wenig vermiesen. Verhalte dich bitte respektvoll – sowohl der Natur, den Tieren als auch den Menschen gegenüber.

- Füttere keine wilden Tiere, nur damit du sie streicheln kannst.
- Klettere nicht auf Felsvorsprünge, nur damit dir ein Instagram-Foto mit tausend *likes* sicher ist.
- Wandere in Nationalparks nicht auf unausgewiesenen Wegen, nur um den anderen Touristen zu entfliehen.

- Parke nicht mit deinem Auto in einem Wohngebiet und richte dich dort häuslich ein, nur damit du Kosten sparst.
- Entfache kein Lagerfeuer bei einer *total fire ban*, nur um nicht auf Stockbrot unterm Sternenhimmel verzichten zu müssen.

Verboten – Alkohol in der Öffentlichkeit

Es gelten Gesetze, an die auch du dich als Backpacker halten musst. Mit der Einreise nach Australien und der Ausstellung des Visum akzeptierst du diese – ohne Wenn und Aber! Beschwere dich nicht, wenn du mit dem Gesetz in Konflikt gerätst und die Strafen mitunter deutlich höher als bei uns ausfallen. Andere Länder, andere Sitten.

- Trinke keinen Alkohol in der Öffentlichkeit, nur weil du auf dem Weg zur Party schon vorglühen möchtest. Die Strafe schmerzt deutlich mehr als der Preis fürs Sixpack.
- Tritt dein Gaspedal nicht bis zum Anschlag durch, nur um schneller ans Ziel zu kommen. Bußgelder in dreistelliger Höhe sind selbst bei wenigen km/h zu viel Standard.
- Zahle deine Strafzettel o. Ä., auch wenn du bald ausreist oder die Strafe für unangemessen hältst. Du bist selbst Schuld.
- Bleibe nicht länger im Land, obwohl dein Visum abläuft, nur um noch ein letztes Mal die Sonne über Byron Bay aufgehen zu sehen. Du hattest lange genug dafür Zeit.
- Versuche nicht, dich nur mit 60 Tagen Farmarbeit bei der Visumsverlängerung durchzumogeln. Andere haben auch schwer und ehrlich geschuftet.

Der Uluru darf nicht mehr bestiegen werden.

Du wirst einige Geschichten hören bzw. lesen von Backpackern, die mit unbezahlten Strafzetteln problemlos ausgereist sind oder ganz ohne *regional work* ihr Second/Third Working Holiday Visum (siehe Seite 208) erhalten haben. Bevor du ähnliche Gedanken in die Tat umsetzt, frage dich, ob es die Sache wert ist und du es mit deinem Gewissen vereinbaren kannst. Es gibt ebenso Storys von jahrelangen Einreisesperren und immensen Strafen. *Karma is a bitch* – wie der Australier zu sagen pflegt.

11. Geld ausgeben & Sparen

Kurzer Zwischenstopp im Café

11. Geld ausgeben & Sparen

Welche einmaligen Kosten vor deiner Abreise auch dich zukommen, konntest du bereits im 3. Kapitel nachlesen. Daneben sorgen laufende Ausgaben in Australien für einen regen Geldverkehr auf deinem Bankkonto. Erfahre hier, was dich das Backpacker-Leben Down Under kostet. Bei den Angaben handelt es sich nur um grobe Richtwerte – letztendlich bestimmt dein Lebensstil deinen Kontostand. Nur eins ist so gut wie sicher: Kaum ein Work & Traveller hat bei Heimreise mehr Geld im Gepäck als beim Start seines Abenteuers.

Spare Geld, indem du auf Märkten einkaufst.

11.1 Laufende Kosten

Australien ist ein teures Vergnügen. Gerade beim Anblick der Lebensmittelpreise bekommst du einen Preisschock. Deine hohen Lebenshaltungskosten im Alltag werden jedoch ausgeglichen durch bessere Verdienstmöglichkeiten. Also durchatmen – du kannst auch mit einem geringen Budget eine unglaublich tolle Zeit Down Under haben.

Verpflegung

Gehen wir davon aus, dass du dich halbwegs ausgewogen ernährst und nicht nur Spaghetti aus der Dose futterst, rechne mit monatlichen Einkaufspreisen von ca. 250 EUR. Während einige Preise mit denen hierzulande vergleichbar sind, musst du für andere Dinge deutlich mehr zahlen, beispielsweise für Fleisch, Obst, Drogerieartikel und Alkohol.

Beispiel Einkauf	Ø Preis in EUR
Wasser (750 ml)	1,70
Milch (1 l)	0,75
Toast	0,95
Edamer Käse (200 g)	2,85
Salami-Wurstaufschnitt (80 g)	1,90
Äpfel (1 kg)	4,35
Avocado	1,70
Spaghetti	0,65
Hähnchenbrust (550 g)	5,30
Sixpack Bier	12,60
Zigaretten (25 St.)	15,80
Tafel Schokolade	1,60
Shampoo	4,40
Deo	2,20

Unterkunft

Solltest du kein eigenes Auto haben oder nicht gratis durch Job, Freunde etc. übernachten können, plane im Hostel rund 400 bis 700 EUR pro Monat ein, für andere Unterkünfte wie Wohngemeinschaften etwa 300 bis 600 EUR pro Monat.

Transport

Deine Transportkosten hängen davon ab, ob du mit dem eigenen Auto oder mit den öffentlichen Verkehrsmitteln unterwegs bist. Auch Saison und Strecke sind entscheidend.

Manchmal geht das Geld schneller weg als dir lieb ist.

Beispiele Transport	Preis in EUR
Autokauf	ab 2200
Automiete	Ø 45/Tag
Benzinkosten	Ø 1,35/l
hop on hop off-Buspass Greyhound, Melbourne - Cairns, 90 Tage	350
NSW Discovery Zugpass, 3 Monate	190
Flug Sydney - Melbourne	70
ÖPNV, Monatsticket Melbourne	95

11.2 Außerordentliche Kosten

Kaffee mit Marshmallows

Dein Work & Travel-Aufenthalt wäre ziemlich lahm, würdest du nur arbeiten. Du bist schließlich nach Australien gekommen, um Abenteuer und Entspannung zu erleben – selbst wenn es so simple Dinge wie das Frühstück im Café am Bondi Beach oder der Pub Crawl mit anderen Globetrottern in Cairns sind.

Nach Down Under reisen, nur um dort schweißgebadet und schmerzgeplagt auf dem Feld zu arbeiten? *No way*! Gehe deiner Entdeckerlust nach – entweder günstig auf eigene Faust oder auf geführten Touren und Ausflügen. Letztere reißen natürlich ein größeres Loch ins Portemonnaie.

Beispiele Alltag	Ø Preis in EUR
Cappuccino (Café)	2,50
Big Mac Menü (McDonald's)	7
Hauptmenü (Mittelklasse-Restaurant)	16
Kinoticket	12
Cocktail (Downtown Club)	12
Bier (Pub um die Ecke)	6

Beispiele Reisen	Ø Preis in EUR
eintägiger Segeltörn (Whitsunday Island)	100
dreitägige Red Centre Tour	250
Helikopterflug (Great Ocean Road)	90
Whale Watching (Sydney)	55
Skydiving (Byron Bay)	195

Whale Watching solltest du dir nicht entgehen lassen.

Aber auch völlig ungeplante Kosten wie der Arztbesuch, die Autopanne oder der Reisepassverlust können dein Budget strapazieren.

Beispiele Notfall	Ø Preis in EUR
Strafzettel für zu schnelles Fahren (20-30 km/h zu viel)	270
Getriebe kaputt	1700
Zylinderkopfdichtung und Ölwechsel	1500
Temporärer Reisepass	65 (ggf. 130)
Zahnfüllung	175

Die angeführten Beispielkosten lassen sich schwer pro Monat herunter brechen. Deine Kontoein- und -ausgänge schlagen mal nach oben, mal nach unten aus – je nachdem, ob du gerade arbeitest oder reist, ob du *low bugdet* einkaufst oder dir auch mal ein Steak gönnst, ob du schnell mit dem Flieger nach Cairns jettest oder dir eine Mitfahrgelegenheit suchst.

Erfahrungswerte ehemaliger Backpacker zeigen, dass du mit Kosten von durchschnittlich 1000 bis 1500 EUR pro Monat rechnen solltest. Mehr oder weniger geht natürlich immer.

11.3 Spartipps

Um nicht chronisch klamm zu sein, gibt es Tipps und Tricks, um deine Ausgaben zu drosseln.

Verpflegung

- günstige Eigenmarken der Supermärkte kaufen
- abends einkaufen, da viele frische Lebensmittel dann rabattiert sind
- Sonderaktionen „Kaufe 3 für Preis von 2“ beachten
- auf Märkten statt in Supermärkten einkaufen
- wenn möglich, bei Aldi einkaufen
- Wasser gratis nachfüllen statt neu kaufen
- im *free food shelf* des Hostels bedienen
- in Food Courts, Chinatown oder auf Märkten günstig auswärts essen
- selbst kochen statt essen gehen

Günstiges Wasser in Australien kommt in Kanistern.

Unterkunft

- je mehr Betten im Hostelzimmer, desto günstiger
- Kosten teilen bei Airbnb oder WG
- durch *housekeeping* Miete sparen oder reduzieren
- gratis übernachten durch Couchsurfen oder WWOOFing
- nach Langzeitrabatten erkundigen

- Übernachtfahrten bzw. -flüge
- gratis campen (WikiCamps)
- Auto kaufen und Unterkunft ganz sparen

Gratis Busfahren in Perth

Transport

- kostenlosen Nahverkehr in Innenstädten nutzen
- Mitfahrgelegenheit nutzen oder anbieten, um Kosten zu teilen
- *relocation deals* der Vermieter beachten
- Tankgutscheine der Supermärkte nutzen (ab Mindesteinkauf auf Kassenbon gedruckt)

Sightseeing

- auf eigene Faust entdecken statt Touren buchen
- Preise vergleichen statt nächstbestes Angebot nehmen
- kostenlose Aktivitäten nutzen wie Museen, Galerien oder Stadtführungen
- nach Rabatten mit YHA-Mitgliedschaft oder ISIC fragen
- Discountaktionen in Hostels, Backpackermagazinen etc. beachten
- im Voraus planen, um günstige Deals zu ergattern

Queen Victoria Market

Sonstiges

- in Discount-Märkten wie Target, Big W oder Kmart shoppen
- in Nebensaison reisen (z. B. Benzin und Transport günstiger)
- Alkohol- und Zigarettenkonsum reduzieren, da sehr teuer
- kostenloses Infomaterial der Touristeninformationen nutzen statt kaufen
- *book exchange*: Bücher tauschen statt neu kaufen
- kostenlose WLAN Hotspots nutzen, z. B. in Bibliotheken, Cafés etc.

Sparangebot

12. Der Wunsch zu bleiben

Manch einer verliert sein Herz an Sydney.

12. Der Wunsch zu bleiben

Läuft dein Working Holiday Visum ab, musst du Australien am letzten Tag der Gültigkeit verlassen. Hältst du dich nach Ablauf deines Visums illegal im Land auf, drohen dir nicht nur hohe Bußgelder, sondern auch lange Einreisesperren für zukünftige Australienaufenthalte sowie mögliche Erschwernisse bei Visumsbewerbungen für andere Länder. Es gibt mehrere Möglichkeiten, wie du deinen Work & Travel-Aufenthalt legal verlängern kannst.

12.1 Second Working Holiday Visum

Unter bestimmten Bedingungen kannst du dein Visum um weitere zwölf Monate verlängern. Voraussetzung für das Second Working Holiday Visum (Subclass 417) ist, dass du im Verlauf deines ersten Work & Travel-Aufenthaltes mindestens 88 Tage bzw. drei Monate in *regional areas* einer *specified work* nachgegangen bist.

Welche Arbeiten zählen zu *specified work?*

- Ernte- und Farmarbeit
- Jobs in der Fischerei und Perlenfischerei
- Jobs in der Holzwirtschaft
- Minenarbeit
- Baugewerbe

Von Anblicken wie diesen trennt man sich nur schwer.

Nicht alle Tätigkeiten der genannten Branchen berechtigen für das zweite Jahr. So zählt die Arbeit als Koch in einer Mine oder administrative Arbeit auf der Farm nicht dazu. Deine Arbeit muss mit der Entstehung/Produktion des Gutes zusammenhängen, nicht mit der Weiterverarbeitung. Zudem muss der Job vergütet sein. Unbezahlte Arbeit wie WWOOFing und Freiwilligenarbeit werden seit einigen Jahren nicht mehr für das Second Year angerechnet, siehe Seite 99.

Die ländlichen Regionen richten sich nach den Postleitzahlen. Während das Australian Capital Territory nicht dazu gehört, werden das Northern Territory, South Australia und Tasmania komplett als *regional area* eingestuft. In den anderen Bundesstaaten gelten meist alle Regionen mit Ausnahme der städtischen Ballungsräume als ländlich.

Good to know: Österreichische Teilnehmer
Für Österreicher und das demnach gültige Second Work and Holiday Visa (Subclass 462) gelten leicht abgeänderte Bestimmungen hinsichtlich der *specified work* und *regional areas*.

Du musst nicht 88 Tage im gleichen Betrieb tätig sein, sondern kannst diese in verschiedenen Jobs über einen längeren Zeitraum „ansammeln". Wie die 88 Tage genau berechnet werden (Stundenanzahl, freie Tage etc.) und welche Postleitzahlen als ländlich gelten, erfährst du im Detail auf der Seite der Australischen Einwanderungsbehörde. Darüber hinaus gelten alle Bestimmungen des ersten Working Holiday Visums, also auch das Höchstalter von 31 Jahren.

LINK: Einwanderungsbehörde
- immi.homeaffairs.gov.au/visas/getting-a-visa/visa-listing

Bewerbung

Du beantragst dein Second Working Holiday Visum ebenfalls über deinen ImmiAccount (siehe Seite 38). Für die Bewerbung sind Nachweise wie Lohnzettel, Kontoauszüge, Steuererklärungen oder Kontaktdaten der Arbeitgeber nötig. Die Genehmigung dauert i. d. R. länger als beim ersten Visum. Die Gebühr beläuft sich auf derzeit 485 AUD.

Du kannst dich für das Visum bewerben, während du noch in Australien bist oder zu einem späteren Zeitpunkt, also auch erst ein, zwei Jahre später. Einzige Deadline ist dein Alter.

Möchtest du deinen Aufenthalt direkt verlängern, reiche deine Bewerbung rechtzeitig vor Ablauf deines aktuellen Visums ein. Zum Zeitpunkt der Genehmigung musst du dich in Australien aufhalten. Läuft dein erstes Visum ab und ist die Verlängerung bereits beantragt, aber noch nicht genehmigt, erhältst du ein Bridging Visa.

Bewirbst du dich außerhalb Australiens, musst du dich zum Zeitpunkt der Bewilligung auch außerhalb aufhalten. Wie beim ersten Visum hast du nach der Genehmigung ein Jahr Zeit zur Einreise. Die Gültigkeit beginnt am Tag deiner erneuten Ankunft in Down Under.

12.2 Third Working Holiday Visum

Seit Juli 2019 ist es nun auch möglich, ein Third Working Holiday bzw. Work and Holiday Visa zu beantragen. Damit kannst du insgesamt bis zu drei Jahre für Work & Travel in Australien bleiben.

Bedingung ist, im zweiten Work & Travel-Jahr mindestens sechs Monate bzw. 179 Tage in regional areas eine *specified work* verrichtet zu haben. Sowohl die Art der Arbeit als auch die anrechenbaren Einsatzregionen stimmen mit denen des Second Year überein.

Eine Bewerbung für das Visum ist frühestens ab Januar 2020 möglich. Die Kosten liegen bei 485 AUD. Es gelten die gleichen Bedingungen bzw. Abläufe für Bewerbung und Beantragung wie für das Second Year.

12.3 Touristenvisum

eVisitor – Subclass 651

Das eVisitor Visum hat eine Gültigkeit von zwölf Monaten und erlaubt dir, innerhalb dieser Zeit mehrmals nach Australien ein- und auszureisen. Allerdings darfst du dich maximal drei Monate am Stück im Land aufhalten. Für das Visum fällt keine Gebühr an.

Visitor Visa – Subclass 600

Mit dem Visitor Visa darfst du dich wahlweise drei, sechs oder zwölf Monate in Australien aufhalten. Die Visumsgebühr beträgt aktuell 140 AUD (ca. 90 EUR). Beantrage dieses Visum also nur, falls du länger als drei Monate ohne Unterbrechung in Australien reisen möchtest.

Mit einem Touristenvisum darfst du keinerlei bezahlter Arbeit nachgehen. Freiwilligenarbeit und WWOOFing sind möglich. Ebenso erlaubt sind die Teilnahme an einem Sprachkurs oder an Kursen an der Uni.

Urban Myths: Direkte Verlängerung

Es ist nur in Ausnahmefällen möglich, Work & Travel direkt mit einem Touristenvisum zu verlängern, z. B. falls du körperlich nicht in der Lage bist, auszureisen. Prinzipiell musst du für die Beantragung/Genehmigung des Touristenvisums außerhalb Australiens sein. Reist du kurz nach Ablauf des Working Holiday Visums als Tourist ein, rechne mit Nachfragen am Airport. Der Zoll ist mitunter skeptisch und möchte sicherstellen, dass du nicht wieder im Land bist, um zu arbeiten.

12.4 Studentenvisum

Möchtest du in Australien studieren, kannst du dich für ein Studentenvisum bewerben. Es gilt für die Länge deines Studiums und wird beantragt, sobald du an einer australischen Universität bzw. Bildungseinrichtung eingeschrieben bist.

Das Studentenvisum kostet ab 620 AUD (ca. 375 EUR). Für das eigentliche Studium fallen ebenfalls Gebühren an. Es gibt die Möglichkeit, dich für verschiedene Stipendien oder Förderungen zu bewerben. Zudem darfst du eine bestimmte Anzahl an Stunden pro Monat arbeiten.

12.5 Arbeitsvisum

Hast du einen Arbeitgeber gefunden, der dich unbefristet einstellen und sponsern möchte, kommt womöglich ein Sponsorship Visa in Frage. Nicht nur du musst bestimmte Voraussetzungen dafür erfüllen, sondern auch dein Arbeitgeber.

Bist du eine ausgebildete Fachkraft und steht dein Beruf auf der *skills*-Liste, kannst du dich für ein Skilled Visa bewerben. Einen Sponsor benötigst du in diesem Fall nicht. Besonders gefragt sind Ingenieure und Ärzte. Die Bewerbungskosten liegen im vierstelligen Bereich.

Es gibt einige Wege, die Zeit in Australien zu verlängern.

12.6 Partnervisum

Gegen die Liebe ist auch ein Backpacker nicht gewappnet. Verguckst du dich in einen *local*, kannst du dich für ein Partnervisum bewerben. Nachweise über die Beziehung, die i. d. R. seit einem Jahr bestehen muss, sind erforderlich, beispielsweise ein gemeinsamer Wohnsitz, ein gemeinsames Konto oder die glaubwürdige Absicht, zu heiraten. Die Visumsgebühr fängt bei 7000 AUD (ca. 4230 EUR) an.

13. Zurückkommen

Jedes Abenteuer geht irgendwann zu Ende.

13. Zurückkommen

Eine der größten Sorgen eines Backpackers ist es, nach Work & Travel wieder im „wahren Leben" anzukommen. Im Verlauf der Reise denkst du kaum bis gar nicht an zu Hause, doch sobald sich das Ende nähert, schweifen deine Gedanken Richtung Heimat ab. Während sich die einen auf daheim freuen, so schön Work & Travel auch war, möchten die anderen am liebsten nie mehr zurückkommen. Eine Anleitung zum Abschiednehmen gibt es nicht.

13.1 Die letzten Schritte in Australien

Genieße die verbleibende Zeit in vollen Zügen und vergeude (noch) keinen Gedanken an zu Hause. Lass die vergangenen Monate Revue passieren und blicke dankbar, nicht traurig auf die Erlebnisse zurück. Tue Dinge, die ein Teil deines Alltags in Australien geworden sind, noch einmal ganz bewusst. Unternimm Touren bzw. Aktivitäten, die du unbedingt noch machen wolltest, für die du aber bisher keine Zeit hattest. Wenn nicht jetzt, wann dann?

Good to know: Checklist für den Abschied

- Buche deinen Rückflug, falls du mit einem One-Way- bzw. Open-Return-Ticket eingereist bist.
- Verkaufe dein Auto.
- Überweise dein australisches Geld auf dein Konto daheim, siehe Seite 86.
- Schließe dein Bankkonto in Australien, sofern du es nicht mehr für deine Steuerrückerstattung brauchst.
- Sortiere Kleidung und andere Dinge aus und verschenke/verkaufe sie.
- Kaufe die letzten Souvenirs wie z. B. Tim Tams.

Vielleicht entscheidest du dich auch, deine Reise zu verlängern. Viele Backpacker fliegen im Anschluss zunächst weiter durch die Welt, beispielsweise nach Südostasien. Hier ist ihr schwer verdientes Geld einiges mehr wert als in Australien. So ist der Bruch vom Abenteuer zurück in den Alltag nicht ganz so hart.

13.2 Die ersten Schritte in der Heimat

Lebst du weiterhin in der „Illusion" des aufregenden Rucksacklebens oder schaffst du es, den Alltag mit dem erlebten Abenteuer zu verknüpfen? Wie bindest du Familie und Freunde ein, ohne dass sie sich überfordert oder ausgeschlossen fühlen? Und gibst du der neuen, alten Heimat mit all ihren

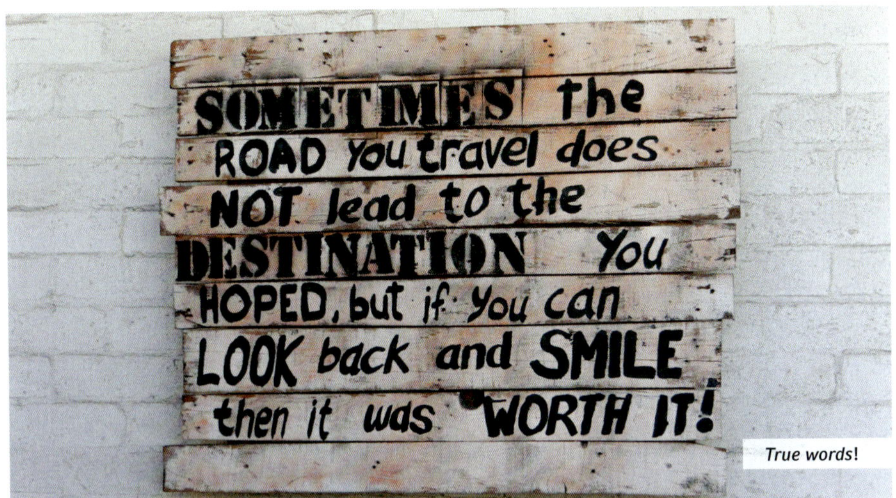

True words!

bekannten Facetten eine zweite Chance oder möchtest du am liebsten gleich wieder die Koffer packen, um ins nächste Wagnis zu ziehen?

Glückliche Heimkehrer

Je näher deine Rückreise rückt, desto größer wird die Traurigkeit über das Ende deiner Zeit in Australien. Zugleich steigt deine Vorfreude auf das Wiedersehen mit Familie, Freunden und der vertrauten Heimat. Infolge der langen Trennung hast du dein Heimatland schätzen gelernt. Du freust dich auf Kleinigkeiten wie das leckere Schwarzbrot mit Leberwurst oder auf den Schneefall im Winter. Deutsche Tugenden wie Zuverlässigkeit, Ordentlichkeit und Pünktlichkeit haben dir mehr gefehlt als du dachtest. Und überhaupt war Work & Travel von Beginn an für dich nur eine Auszeit vom Leben – und jetzt freust du dich, wieder mittendrin zu sein!

Betrübte Heimkehrer

Du fällst in ein tiefes Loch, weil du dir ein Leben zu Hause nicht mehr vorstellen kannst. Dir fehlen die Palmen, Strände und das tolle Wetter. Der distanzierten und bisweilen spießigen Mentalität deiner Mitmenschen kannst du nichts mehr abgewinnen. Stattdessen sehnst du dich nach der Gelassenheit der Aussies und ihrem *no worries*-Lifestyle.

Viele Backpacker leiden unter diesem umgekehrten Kulturschock. Sie fühlen sich fremd im eigenen Land, missverstanden von ihrem Umfeld und antriebslos für alles und jeden. Das Abenteuerliche im Leben ist verpufft, die verhasste Routine wieder eingezogen. Vor lauter Melancholie fällt ihnen die Decke auf den Kopf.

Ab nach Hause

Jana B.: Heimweh nach Australien

„Nach einem Jahr am anderen Ende der Welt plötzlich wieder bei Mama & Papa einzuziehen, war so ziemlich das verrückteste Gefühl, was ich bisher kannte. Vor einer Woche saß ich noch mit Freunden im Van auf einem Roadtrip, jetzt bekam ich wieder gesagt, Ordnung in mein Zimmer zu bringen. Ich fühlte mich wie in einer verkehrten Welt, als hätte ich mein Australien-Abenteuer nur geträumt. […] Ich kann mich noch gut an den Tag erinnern, als meine Familie mich vom Flughafen abholte. […] Im Auto überkam mich dann dieses Gefühl, dass jetzt alles zu Ende war. Ich blickte auf die abhebenden Flugzeuge zurück und wünschte mir, dass ich wieder umdrehen könnte. Auch wenn ich nicht nah am Wasser gebaut bin, konnte ich die Tränen nicht mehr zurückhalten. […] Natürlich freute ich mich, meine Family wieder zu sehen, aber die Traurigkeit, dass mein Australien-Jahr jetzt vorbei war, überwog und ich konnte nichts dagegen tun. […] Die kommenden Monate zurück in Deutschland fielen mir ziemlich schwer. Die ersten zwei, drei Wochen waren noch echt cool, da man Freunde und Verwandte wieder traf und jeder total begeistert schien, mich wiederzusehen und die Geschichten zu hören. Aber der Alltag kam schneller, als ich es mir wünschte. Meine Eltern und Freunde gingen wie üblich zur Arbeit bzw. in die Uni und ich fand mich […] gelangweilt in meinem Zimmer sitzen, am überlegen, was ich mit meinem Leben anfangen sollte. Ich vermisste das Gefühl der Freiheit, der Unabhängigkeit und die no worries attitude *der Australier. Und […] natürlich die Strände, das geile Wetter und die Avocados."*

Familie & Freunde

Während du ein Ausnahmeleben geführt hast, ist das deiner Familie und Freunde in normalen Bahnen verlaufen. Lass sie an deinen Abenteuern teilhaben – sie werden gespannt lauschen. Aber gib ihnen nicht unterschwellig das Gefühl, deine Zeit sei viel spannender als ihre gewesen. Interessiere dich auch für ihre Erlebnisse, selbst wenn es nur das neue Auto ist.

So wie sich deine Persönlichkeit verändert hat, gilt das vielleicht auch für deine Mitmenschen. Akzeptiert, dass euch dieser Lebensabschnitt trennt – oft kein Problem, manchmal eine unüberwindbare Hürde. Eine Fernbeziehung macht dir und deinem Umfeld bewusst, wen ihr dauerhaft an eurer Seite wissen möchtet und auf wessen Gesellschaft ihr verzichten könnt. Auch diese Lektion gehört zu Work & Travel dazu.

Tipps gegen den Heimkehr-Blues

1. Gib der Heimat eine zweite Chance

Ankommen braucht Zeit. So wie du dich an dein neues Leben in Australien gewöhnen musstest, gilt das Gleiche für dein altes. Früher oder später zieht das Herz nach.

2. Loslassen können

Schwelge in Erinnerungen, aber verkrieche dich nicht. Work & Travel ist ein einmaliges Gefühl von Freiheit. Sei glücklich darüber, diese voll ausgekostet zu haben, statt ihrem Verlust hinterher zu trauern.

3. Gestalte deinen Alltag neu

Falle nicht gleich wieder in deinen deutschen Trott zurück, sondern erhalte dir deine australische Spontanität und Unbeschwertheit auch im heimatlichen Alltag.

4. Erlebe neue Abenteuer

Wer sagt denn, dass die Abenteuerlust nur Down Under gestillt werden kann? Entdecke auf Wochenendtrips die Heimat, schlafe im Kornfeld oder mache einen Fallschirmsprung über Berlin. Halte Kontakte zu den anderen Reisenden – mit ihnen kannst du in Erinnerung schwelgen.

5. Sieh die Dinge positiv

Statt nur an die tollen Seiten Australiens zu denken, sei froh, einiges los zu sein: keine krabbelnden Viecher im Gesicht, keine schweißgebadeten Nächte ohne Klimaanlage, keine Gefahr von Sonnenbrand bei der ersten Frühlingssonne und keine dreistelligen Bußgelder beim Falschparken.

Und so wird Australien allmählich zu einer wunderbaren, aber blasser werdenden Erinnerung, die dein Leben nach Work & Travel enorm prägt, aber nicht mehr bestimmt.

Good to know: Checkliste für die Heimkehr

- Melde dich wieder an, falls du dich abgemeldet hast.
- Gehe zur Arbeitsagentur und beantrage ggf. Arbeitslosengeld.
- Kontaktiere deine ehemalige Krankenkasse.
- Kündige deine Auslandskrankenversicherung und lasse dir überschüssige Beiträge zurückzahlen.
- Aktiviere deinen Mobilfunkvertrag und ggf. andere Verträge, die stillgelegt waren.
- Mache deine australische Steuererklärung, falls nötig (siehe Seite 116).
- Beantrage die Auszahlung deiner australischen *superannuation* (siehe Seite 116).

Jobbewerbungen

Betrachte deine Rückkehr als ebenso spannende Herausforderung wie Australien. Mit einer Ausbildung, einem Studium oder neuem Job gehst du höchstwahrscheinlich neue Wege. Dank Work & Travel weißt du, wohin deine Lebensreise geht – oder hast zumindest eine klare Vorstellung davon, wohin es nicht führen soll.

Führe Work & Travel im Lebenslauf auf. Deine in Australien erlernten Soft Skills wie Eigeninitiative, Organisationstalent und Belastbarkeit sind ebenso Pluspunkte wie deine fließenden Sprachkenntnisse in Englisch. Ob du sie in der Rubrik „Bildung" oder „Beruf" unterbringst, liegt bei dir. Passen würde beides, schließlich hast du sowohl fürs Leben gelernt als auch gearbeitet.

Wenn du feststellen solltest, dass Deutschland dir auf den Kopf fällt, plane einfach deine nächste Reise – oder tatsächlich die Rückkehr nach Australien.

Simon B.: Persönliches Fazit

„Dieses Jahr war bisher die schönste und erfahrungsreichste Zeit meines Lebens! Es ist unglaublich motivierend zu erfahren, dass man sich am anderen Ende der Welt ohne fremde Hilfe allein mit einer fremden Sprache durchschlagen kann. Man bekommt eine ganz andere Einstellung zu Englisch, wenn man Englisch als eine Sprache wahrnimmt, die einen mit Leuten aus aller Welt, aus allen Kulturkreisen verbindet. Zudem kann man den Aufenthalt optimal nutzen, verschiedene Dinge auszuprobieren und sich selbst kennenlernen. Besonders für junge Leute, die am Anfang eines neuen Lebensabschnitts stehen, ist das unglaublich wichtig."

Was nach Work & Travel kommt, liegt in deinen Händen.

14. Anhang

Die Seele baumeln lassen: Broome, Western Australia

14. Anhang

14.1 Erste Gedanken

Work & Travel – Organisationen

- activeabroad.de
- aifs.de
- intrax.de
- goaustraliaplus.com
- multikultur.info
- practigo.com
- praktikawelten.de
- sprachreisen.de
- statravel.de
- travelworks.de

Work & Travel – Infoportale

- auslandsjob.de
- australia-backpackersguide.com
- australien-blogger.de
- backpackerpack.de
- workandtravel.reisebine.de
- work-and-traveller.de

Australische Work & Travel – Anbieter

- nomadsworld.com
- stayatbase.com
- travellers.com.au
- welcometo.travel
- worknholiday.com

14.2 Planen & Organisieren

Flugportale

- backpackerpack.de
- cirtravel.de
- flex-return.de
- openreturnticket.de
- open-return-ticket.de
- reisebine.de
- statravel.de

Auslandskrankenversicherungen

- adac.de
- allianz-reiseversicherung.de
- care-concept.de
- caremed-reiseversicherung.de
- hansemerkur.de
- huk.de
- protrip.de
- travelsecure.de

Kreditkartenanbieter

- barclaycard.de
- comdirect.de
- dkb.de
- n26.de
- santander.de

14.3 Australien – Eine Einführung

Allgemeine Australien-Infoportale

- australia.com
- australien-info.de
- reisebine.de
- oanda.com (Währungsrechner)

14.4 Ankommen & Einleben

Airport Shuttle

Adelaide
- adelaidemetro.com.au

Brisbane
- airtrain.com.au

Cairns
- cairnsbackpackershuttle.com.au

Darwin
- darwincityairportshuttleservice.com.au

Melbourne
- skybus.com.au

Perth
- perthairport.com.au/to-and-from-the-airport

Sydney
- airportlink.com.au

Australische Mobilfunkanbieter

- aldimobile.com.au
- boost.com.au
- lycamobile.com.au
- optus.com.au
- telstra.com.au
- vodafone.com.au

Handytarif – Vergleichsportale

- finder.com.au
- whistleout.com.au

Australische Banken

- anz.com.au
- commbank.com.au
- nab.com.au
- westpac.com.au

Internationale Überweisung

- currencyfair.com
- transferwise.com

Sprachschulen in Australien

- elsis.edu.au
- ecenglish.com
- kaplaninternational.com
- ohcenglish.com

14.5 Arbeiten

Work & Travel – Jobagenturen

- aussijobs.com.au
- workingholiday.co
- thejobshop.com.au
- taw.com.au
- www.madec.edu.au (Zeitarbeitsfirma)

Berufsübergreifende Jobportale

- adzuna.com.au
- careerone.com.au
- hays.com.au
- indeed.com.au
- seek.com.au

Work & Travel – Jobportale

- backpackerjobboard.com.au
- gumtree.com.au
- jobaroo.com
- jobsearch.gov.au
- jobs4travellers.com.au
- workingholidayjobs.com.au
- workstay.com.au

Jobportale für Ernte- und Farmjobs

- jobsearch.gov.au/harvest
- fruitpickingjobs.com.au
- pickingjobs.com/australia
- picktheworld.org
- ruralenterprises.com.au
- workinghostelsaustralia.com.au

Unbezahlte Jobs

WWOOFing
- wwoof.com.au
- helpx.net

Freiwilligenarbeit
- conservationvolunteers.com.au
- govolunteer.com.au
- volunteer.com.au

Jobkurse – Anbieter

- myskills.gov.au
- tcptraining.com
- eot.edu.au
- onlinersa.com.au
- galaxytraining.com.au

Steuererklärung – Anbieter

- pinkcow.com.au
- taxback.com

14.6 Wohnen

Hostels

- hostelbookers.com
- hostelsaustralia.com.au
- hostelworld.com
- nomadsworld.com
- stayatbase.com
- yha.com.au

Wohngemeinschaften

- austay.com
- roomgo.net
- flatmates.com.au
- flatshare.com.au
- gumtree.com.au

Gastfamilie

- homestay.com
- homestay.net.au

Housesitting

- aussiehousesitters.com.au
- australianhousesitter.com.au
- happyhousesitters.com.au

Couchsurfing

- bewelcome.org
- couchsurfing.com
- globalfreeloaders.com

Private Unterkünfte

- airbnb.com.au
- wimdu.com/australia
- 9flats.com

14.7 Fortbewegen

Autokauf

- cars4backpackers.com.au
- carsguide.com.au
- drive.com.au
- gumtree.com.au
- sydneytravellerscarmarket.com.au

Mietauto

- budget.com.au
- cheapacampa.com.au
- europcar.com.au
- jucy.com.au
- sixt.com
- thrifty.de

Mietcamper mit Backpacker-Fokus

- campermanaustralia.com
- cheapacampa.com.au
- jucy.com.au
- hippiecamper.com
- mightycampers.com.au
- spaceshipsrentals.com.au
- travellers-autobarn.com.au

Fernbusse

- fireflyexpress.com.au
- greyhound.com.au
- integritycoachlines.com.au
- premierms.com.au

Bahn

- journeybeyondrail.com.au
- queenslandrailtravel.com.au

Öffentlicher Nahverkehr

Australian Capital Territory
- transport.act.gov.au

New South Wales
- transportnsw.info

Northern Territory
- nt.gov.au/driving/public-transport-cycling

Queensland
- qld.gov.au/transport/public

South Australia
- stateliner.com.au
- linksa.com.au

Tasmania
- tassielink.com.au
- www.redlinecoaches.com.au

Victoria
- vline.com.au

Western Australia
- pta.wa.gov.au
- transperth.wa.gov.au
- transwa.wa.gov.au

Airlines

- airnorth.com.au
- jetstar.com
- qantas.com
- rex.com.au
- tigerair.com.au
- virginaustralia.com

Touranbieter

Landesweite Touranbieter, u. a.

- adventuretours.com.au
- contiki.com
- experienceoz.com.au
- gadventures.com
- intrepidtravel.com
- realaussieadventures.com
- topdeck.travel
- ozexperience.com (außer WA)

Regionale Touranbieter, u. a.

- groovygrape.com.au (NT, SA, VIC)
- straytravel.com.au (Ostküste)
- therocktour.com.au (NT)
- ultimate.travel (Ostküste)
- wayoutback.com.au (NT)
- westernexpeditions.com.au (NT, WA)

Fähren

Queensland (Fraser Island)

- fraserislandferry.com.au
- mantarayfraserislandbarge.com.au

South Australia (Kangaroo Island)

- sealink.com.au

Tasmania

- spiritoftasmania.com.au

Victoria (Port Phillip Bay)

- searoad.com.au

Western Australia (Rottnest Island)

- rottnestexpress.com.au
- rottnestfastferries.com.au
- sealinkrottnest.com.au

Mitfahrgelegenheit

- coseats.com
- gumtree.com.au
- shareyourride.net

Radfahren

- cycletrailsaustralia.com
- railtrails.org.au

Wandern

- alltrails.com
- greatwalksofaustralia.com.au
- trailhiking.com.au

14.8 Leben & Erleben

Anruf – Vergleichsportale

- callingcards.com
- cardcall.com.au

Backpacker *travel agencies*

- backpackersworld.com
- happytravels.com.au
- peterpans.com
- statravel.com/backpacker.htm

14.9 Kontakte & Adressen

Australische Botschaften

Australische Botschaft Deutschland, Schweiz, Liechtenstein Wallstr. 76-79 10179 Berlin Tel.: +49 30 880088 0 E-Mail: info.berlin@dfat.gov.au germany.embassy.gov.au	Australische Botschaft Österreich, Ungarn u. w. Mattiellistraße 2-4 A-1040 Wien Tel.: +43 1 506 740 E-Mail: Vienna.Embassy@dfat.gov.au austria.embassy.gov.au

Hinweis: Die Australischen Botschaften in Berlin oder Wien geben keinerlei Visaauskünfte. Für Fragen rund um das Visum und die Bewerbung ist das Global Service Centre in Australien zuständig.

Good to know: Global Service Centre in Australien

- Tel.: +61 2 61960196
- Mo bis Fr 9 bis17 Uhr

Deutsche Vertretungen in Australien

Deutsche Botschaft in Canberra 119 Empire Circuit Yarralumla, ACT 2600 Tel.: +61 2 6270 1911	Generalkonsulat Sydney Level 17, 100 William Street Sydney (Woolloomooloo), NSW 2011 Tel.: +61 2 8302 4900

Hotline für Pass- und Visafragen: +61 2 8302 4949
Notfallnummer: +61 412 359 826

Weitere Konsulate in Adelaide, Brisbane, Cairns, Darwin, Hobart, Melbourne und Perth, australien.diplo.de

Österreichische Vertretungen in Australien	
Österreichische Botschaft in Canberra 12 Talbot Street Forrest, ACT 2603 Tel.: +61 2 6295 1533/1376	Honorargeneralkonsulat Sydney Level 10, 1 York Street Sydney, NSW 2000 Tel.: +61 2 9251 3363

Weitere Konsulate in Adelaide, Brisbane, Cairns, Hobart, Melbourne und Perth, bmeia.gv.at/botschaften-konsulate

14.10 Nützliche Apps

Unterkunft

- Airbnb
- Courchsurfing
- Hostelworld & Hostelbookers
- YHA Australia
- Worldpackers

Transport

- skyscanner
- Uber
- Trip View Lite
- LyftWiki
- WikiCamps Australia
- Just in Time – Toilet Map
- Fuel Map Australia

Jobs

- Gumtree
- Seek Job Search
- Indeed Jobs
- Jora Jobs
- WikiFarms
- 88 Days to work

Freizeit

- Happiest Hour
- Meetup
- PocketGuide
- TripAdvisor

Übersetzung

- Google Übersetzer
- dict.cc Wörterbuch
- Leo Wörterbuch

Sonstiges

- Beachsafe
- Fires Near Me Australia
- Emergency+
- Australian Bites and Stings
- Weatherzone
- XE Currency Converter
- Maps.me
- Trabee Pocket
- Dropbox
- Google Drive

Stichwortverzeichnis

A

Abmeldung ... 51f, 218
Aborigines ... 73, 128
Agentur für Arbeit ... 51, 218
Alkohol ... 184, 197, 200f
Anhalter ... 178f
Ankunft ... 79f
Arbeit(en) ... 88ff, 120ff
Arbeitslosengeld ... 51, 218
Arbeitsvisum ... 211
Around-the-World-Ticket ... 42
Arztbesuch ... 53, 190f
ATO ... 84f, 115f
Au-pair ... 97, 162
Ausbeutung ... 117ff
Auslandskrankenversicherung ... 43f, 59f, 190f, 218, 222
Australien ... 25, 31f, 62ff, 120ff, 166f, 190, 223
Autokauf ... 161, 167ff, 226
Automiete ... 170f, 226

B

Backpacker-Büros ... 105, 189, 224
Bahn ... 174f, 226
Bankkonto ... 48, 53, 85f, 192, 214, 223
Bewerbung ... 106ff
Bus ... 172ff, 226

C

Camping ... 161f
Couchsurfing ... 163, 225
CV ... 107ff

D

Diebstahl ... 191f
Dokumente ... 48ff, 60

E
Eltern 28ff
Englisch 69f, 87
Erntearbeit 90ff, 106, 117f, 224
Ersparnisse 37, 46f, 59f, 82

F
Fähre 178, 227
Farmarbeit 93f, 117f
Finanzierung 46f
Flex-Return-Ticket 42
Flug 40ff, 59f, 176f, 222, 227
Freundschaften 20f, 188, 217
Fruitpicking 90ff, 224
Führerschein 49, 60, 192

G
Gastfamilie 162, 225
Geld überweisen 48, 86, 214, 223
Geldwechsel 78
Gepäck 55ff, 59f, 78
Gepäckversicherung 45

H
Haftpflichtversicherung 45
Handy 54, 83f, 223
Harvest Guide 91
Heimkehr 212ff
Heimweh 193, 215f
Hostel 60, 81, 156ff, 225
Housekeeping 95
Housesitting 162, 225

I

ImmiAccount 38f, 209
Impfungen 53f, 60
Internationaler Jugendherbergsausweis 50, 59f
Internationaler Studentenausweis 49, 59f
Internet 104, 186

J

Jetlag 79, 81
Jobagenturen 103, 224
Jobkurse 112f, 224
Jobmöglichkeiten 90ff
Jobsuche 101ff, 122ff, 224, 229
Jugendherberge 156ff, 225

K

Kindergeld 52f
Klima 66f
Kontakt halten 33, 187
Kontoeröffnung 48, 85f, 223
Kosten 46, 59, 200ff
Krankenkasse 52, 60, 218
Krankheit 44, 190f
Kreditkarte 48f, 60, 85f, 192, 222
Krisen 193ff, 215f
Kündigung 18, 60

L

Lebenslauf 107ff
Lebensmittel 184f, 200f, 204

M

Medikamente 53
Mietcamper/-wagen 170ff, 226
Mindestlohn 113, 117
Mitfahrgelegenheit 178f, 227

N
New South Wales ... 125, 129
Northern Territory ... 122, 130
Notfall ... 190ff, 228f

O
Oneway-Ticket ... 42, 214
Open-Return-Ticket ... 42, 214
Organisation ... 21ff, 50, 60, 80, 105, 222

P
Packliste ... 57f
Partnervisum ... 211
Planung ... 27, 34ff, 59f
Post ... 186f

Q
Qualifikation ... 90, 101, 111
Quarantänebestimmungen ... 79f
Queensland ... 125, 131

R
Radfahren ... 179f, 227
Reisepartner ... 19ff, 188
Reisepass ... 48, 59f, 191f
Reiseroute ... 122f
Reiserücktritt-/-abbruchversicherung ... 45
RSA-Zertifikat ... 112
RSG/RCG-Zertifikat ... 112
Rückflug/-reise ... 42, 212ff

S

Second Working Holiday Visa 40, 100, 115, 117f, 129, 208f
Sightseeing 189f, 205
SIM-Karte 83f, 223
Shopping 184ff
Slang 69f
South Australia 122, 126, 132
Sparen 46f, 60, 198ff
Sprachkurs 87, 223
Startkapital 37, 46f, 59, 82
Startort 126, 128
Steuererklärung 116, 214, 218, 224
Steuern 115f
Steuernummer 84f
Stopover 43, 214
Studentenvisum 211
Superannuation 116f, 218

T

Tasmania 133
TFN 84f
Third Working Holiday Visa 40, 100, 115, 117f, 129, 210
Touren 177, 189, 227
Touristenvisum 210
Transfer 80, 223
Transport 164ff, 201, 205, 229

U

Überweisung 48, 86, 214, 223
Unfallversicherung 45
Unterkunft 60, 81, 154ff, 201, 204, 225, 229

V

Verdienst 113ff, 117ff
Verlängerung 40, 94, 206ff
Versicherung 43ff, 59f
Verträge 54, 60
Victoria 125, 134f
Visum 36ff, 208ff

W

Wandern 180f, 227
Western Australia 126, 128, 136f
WG 159f, 225
White Card 112
Wohnen 154ff, 225, 229
Working Holiday Visum 14, 36ff, 59f
Working Hostel 118, 157
WWOOFing 99f, 224

Z

Zwischenstopp 43, 214